Krickelkrakel

Libro de garabatos

Animales 1

ART
Markus Ganz

Krickelkrakel

libro de garabatos

Animales 1

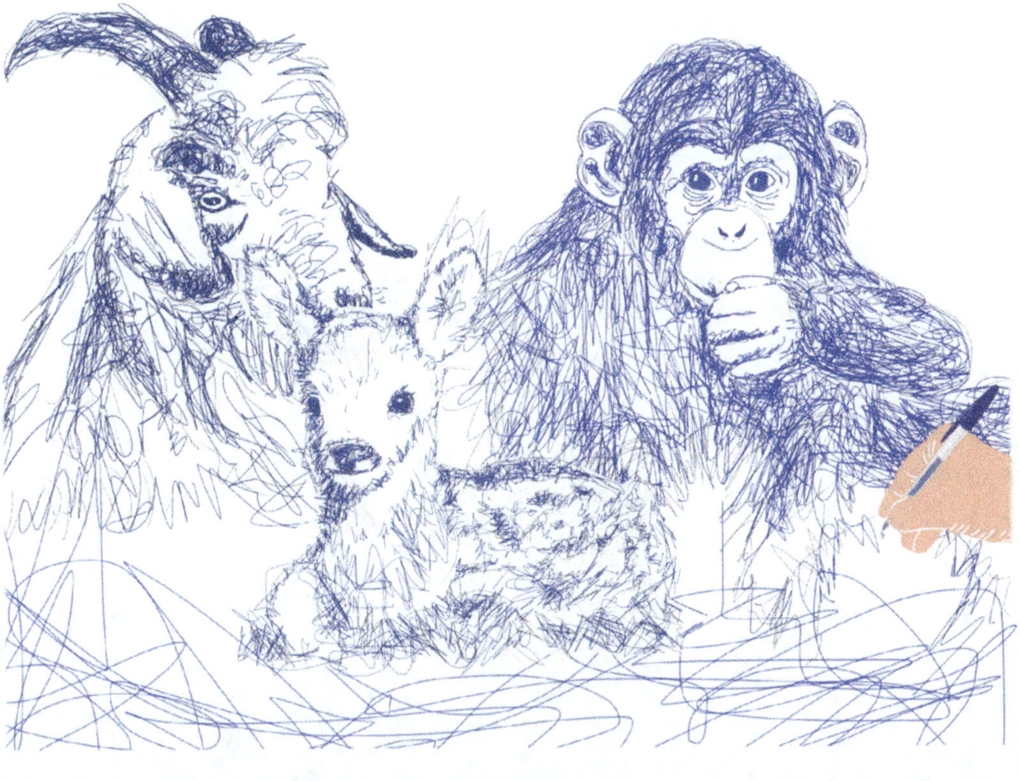

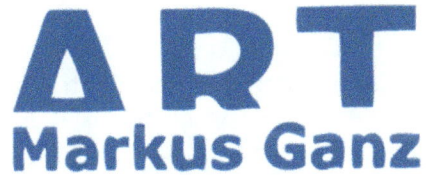

IMPRIMIR

Autor:
Markus Ganz
Texto y diseño

Dirección:
R.-Breitscheid-Str. 19, 35037 Marburgo

ISBN: 9798336028423

Independently published

1ª edición

Copyright by Markus Ganz

año de publicación 2024

mkganz@me.com

Instagram: ART.markusganz

prefacio,

Garabatear, dibujar o pintar un poco mientras estás haciendo otra cosa.

El vaivén impreciso, libre e irregular de los trazos puede tener buenos efectos para ti en muchos sentidos.

Garabatear es una actividad divertida que tiene muchos beneficios:

- Potencia la creatividad: Al garabatear, a menudo surgen nuevas ideas de forma inesperada porque el cerebro puede girar libremente y establecer nuevas conexiones.

- Mejora la concentración: Las personas que garabatean durante reuniones o conferencias suelen recordar mejor lo que se dijo y se mantienen más concentradas. Hay estudios al respecto.

- Reduce el estrés: Garabatear tiene un efecto calmante y puede ayudar a reducir el estrés. Es casi como una pequeña meditación que te despeja la cabeza.

- Desahogarse: A veces, garabatear es la mejor manera de dejar fluir tus sentimientos, sin necesidad de palabras.

- Mejora la motricidad fina: Garabatear con regularidad entrena la coordinación mano-ojo y mejora la destreza de los dedos.

Garabatear es un arte reconocido.

La individualidad y la imagen espontánea resultan emotivas y vivas.

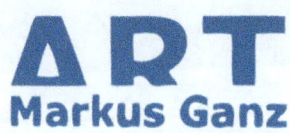
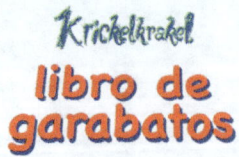
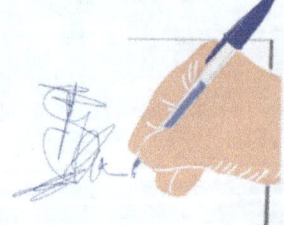

Hola artista

¡bienvenido al mundo del garabato!

Este libro es tu patio de recreo retiro personal.

Relájate, deja fluir tus pensamientos y descubre el Placer del dibujo casual.

Deje que su bolígrafo baile, relájese y encuéntrese a sí mismo en las líneas salvajes y los y patrones juguetones.

Sin presiones, sólo diversión y libertad. Sumérgete y experimenta lo liberador que puede ser garabatear.

Garabatear es más que un pasatiempo, es una válvula de escape para tu creatividad inconsciente o consciente.

Es meditativo, curativo, calmante, satisfactorio y te da alegría.

Es la clave de la paz interior.

Si garabateas con pasión o aburrimiento, crearás obras de arte.

Coge un bolígrafo y ponte manos a la obra. Diviértete mucho...

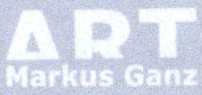
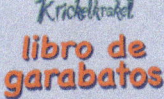

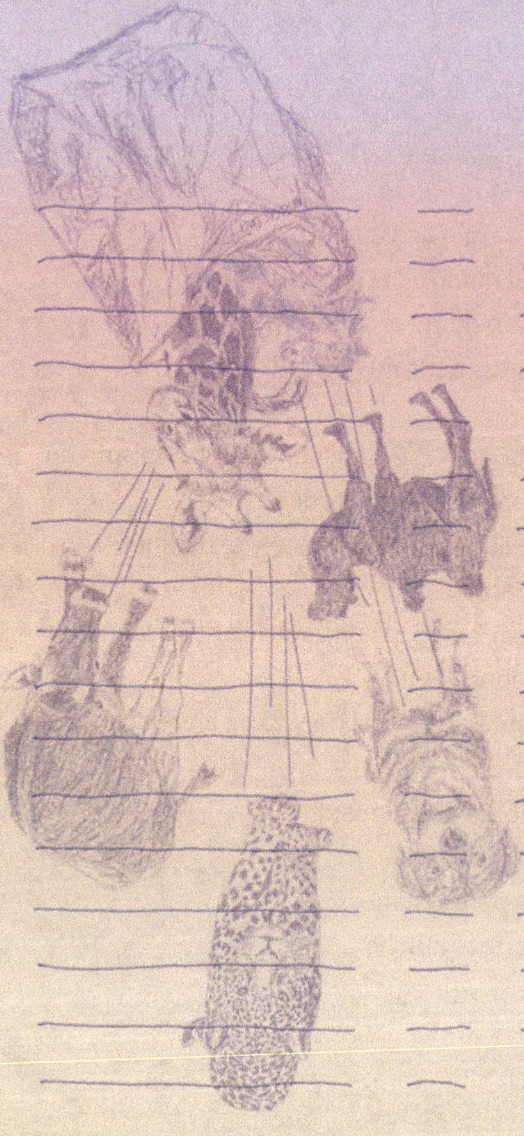

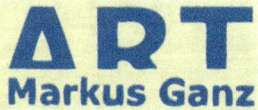

favoritos

prólogo	8
hola artista	9
Favoritos	10
Contenido	11
QR-Codes tutoriales	12
que necesitas...	13
pruébalo...	15
calentamiento	16
gatito	18
caballo	20
ardilla	22
pingüino	24
pato	26
Cervatillo	28
Panda	30
Perro pastor	32
Pantera (Leopardo)	34
zorro	36
Cocker Spaniel	38
Liebre	40
Hámster	42
Dálmata	44
Cabra	46
Cuervo	48
Tortuga	50
Abeja	52
Ciervos	54
Bobtail	56
Foca de puerto	58
Gato Main Coon	60
Ardilla	62
Erizo	64
Mariposa pavo real	66
Mapache	68
Ganado alpino	70
perro salchicha	72
chimpancé	74
Polla	76
Vista previa	78
más e Instagram	79
haz tu garabato	81
sobre mí...	85
Retrato de garabato	86
Notas	87

ART
Markus Ganz

deutsch

English

Italiano

français

español

中国人

videotutoriales (4 minutos) - cómo garabatear

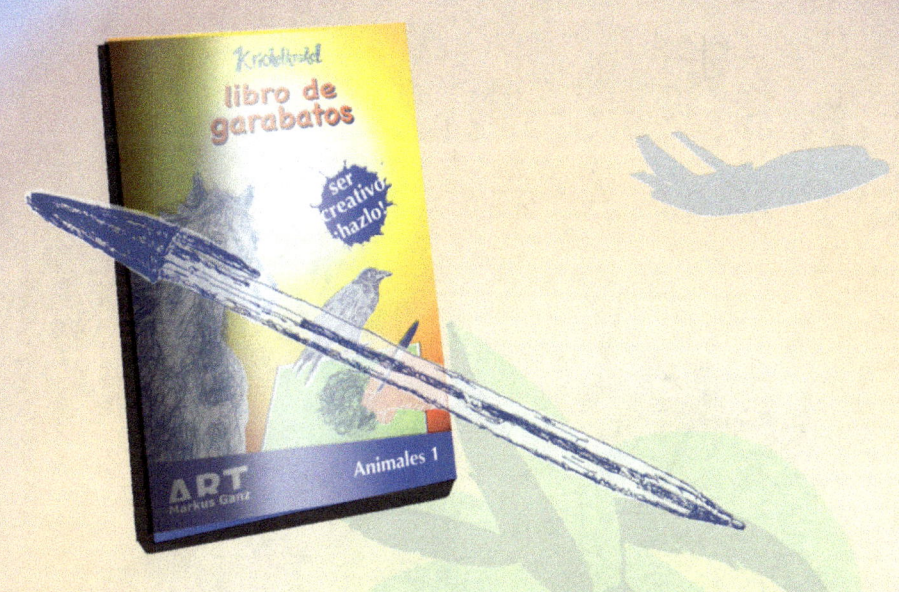

necesitas...

sólo el libro y una especie de bolígrafo. Un bolígrafo o lápiz o un lápiz de color. Fuente o rotulador fino solo si no se escriben... ¡Coge lo que tengas a tu alcance y empieza!

Consejo: coloca una hoja detrás de tu página para colorear. Entonces no pasará nada.

Consejo:
Empiece siempre con
el oscuro Áreas..

ART
Markus Ganz

Krickelkrakel
libro de garabatos

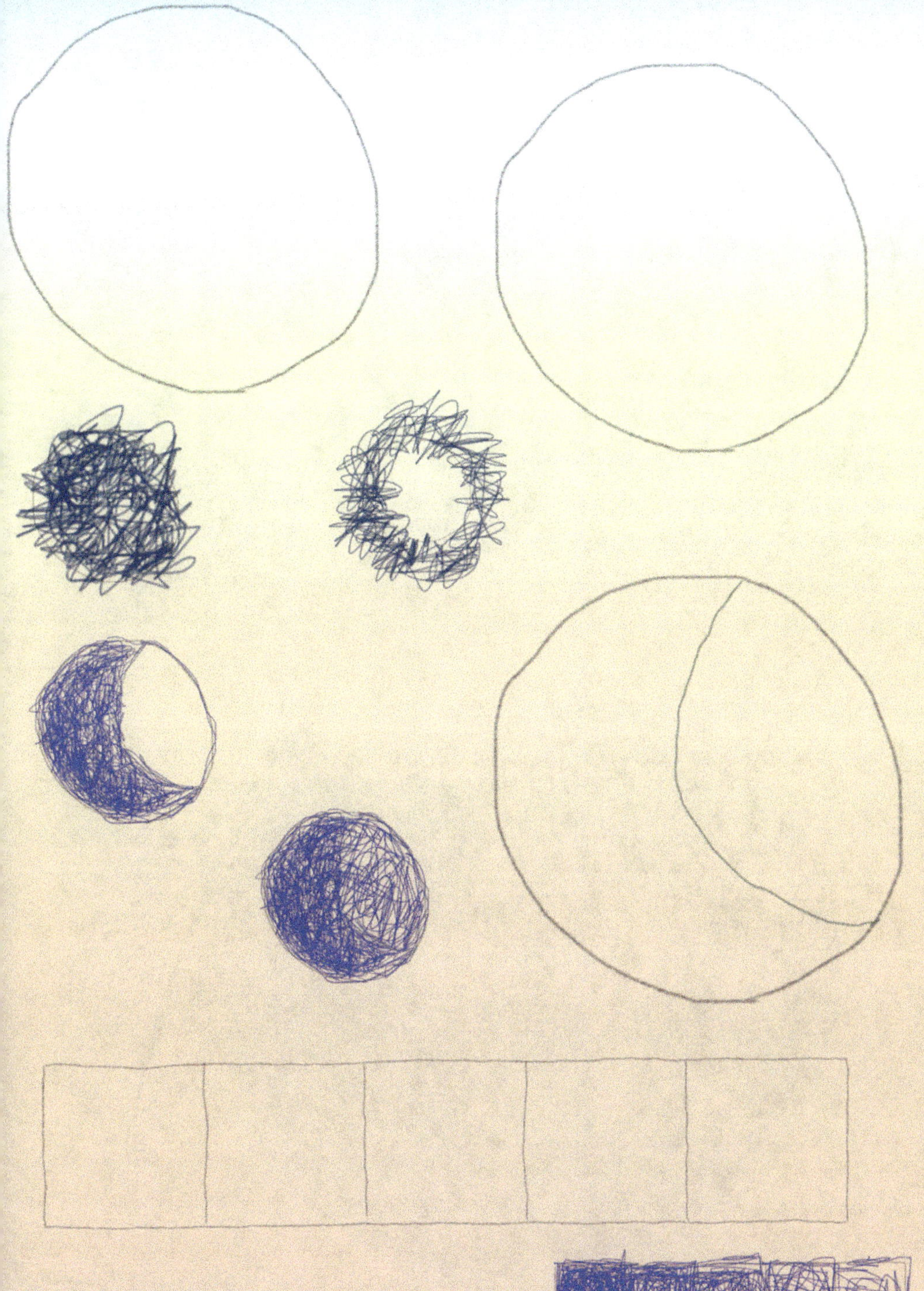

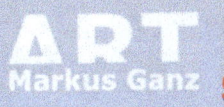

Pruébalo...

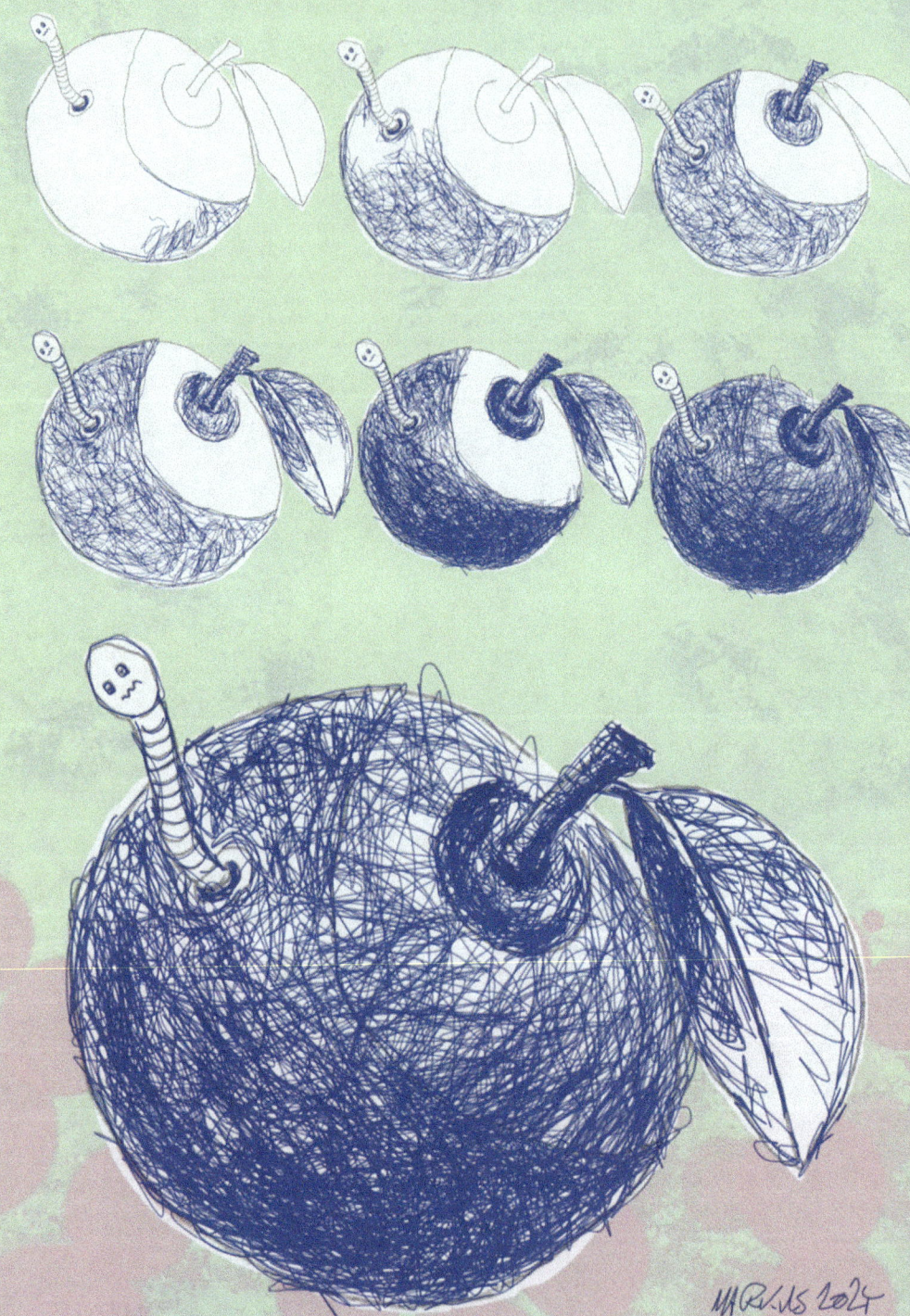

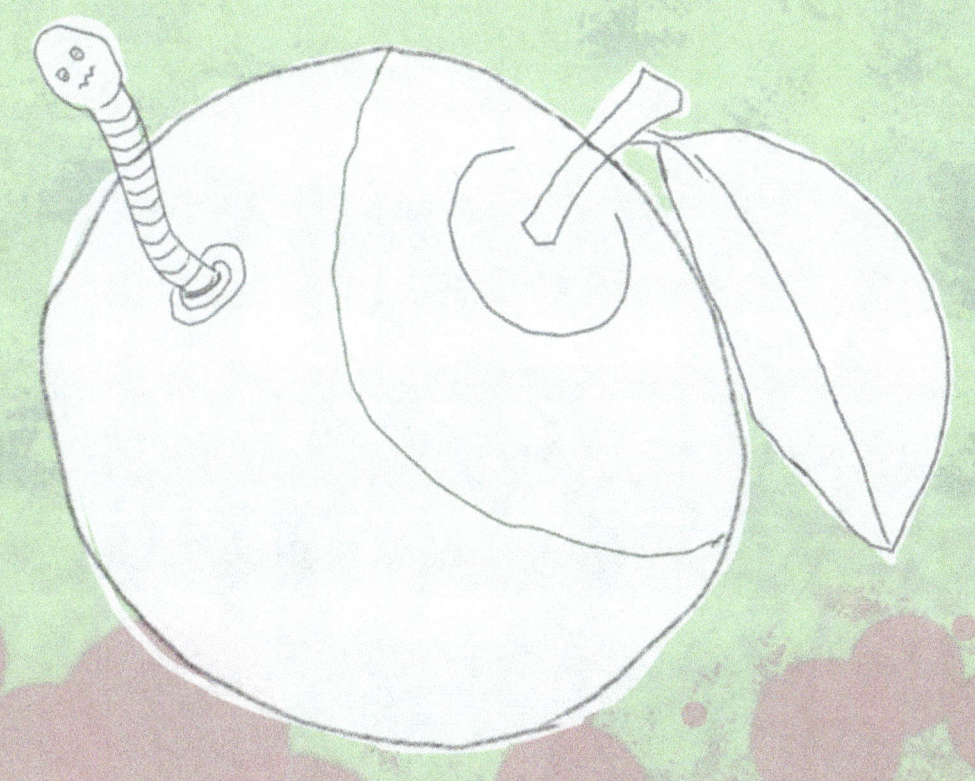

Krickelkrakel
libro de garabatos

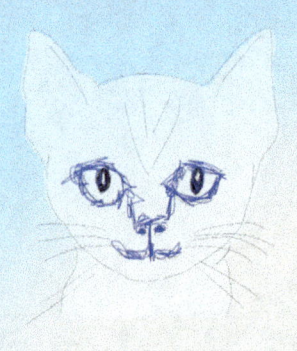
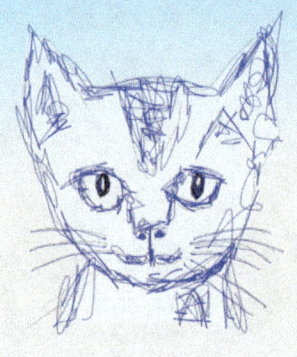
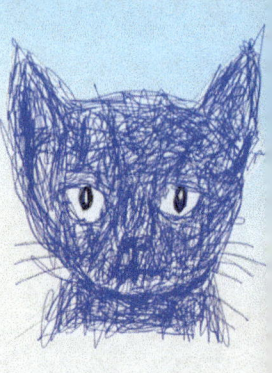

ART Markus Ganz — libro de garabatos — Gatito — 18

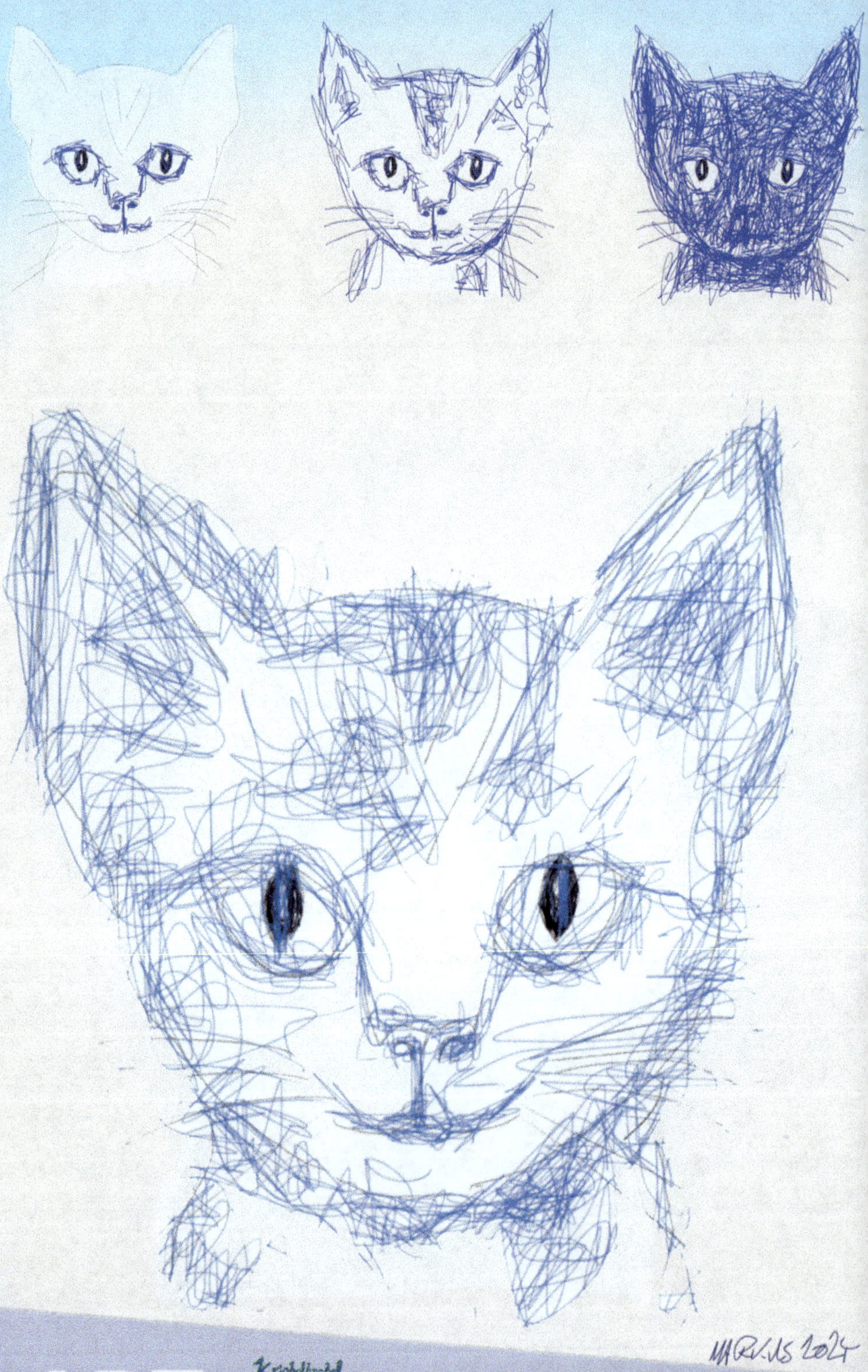

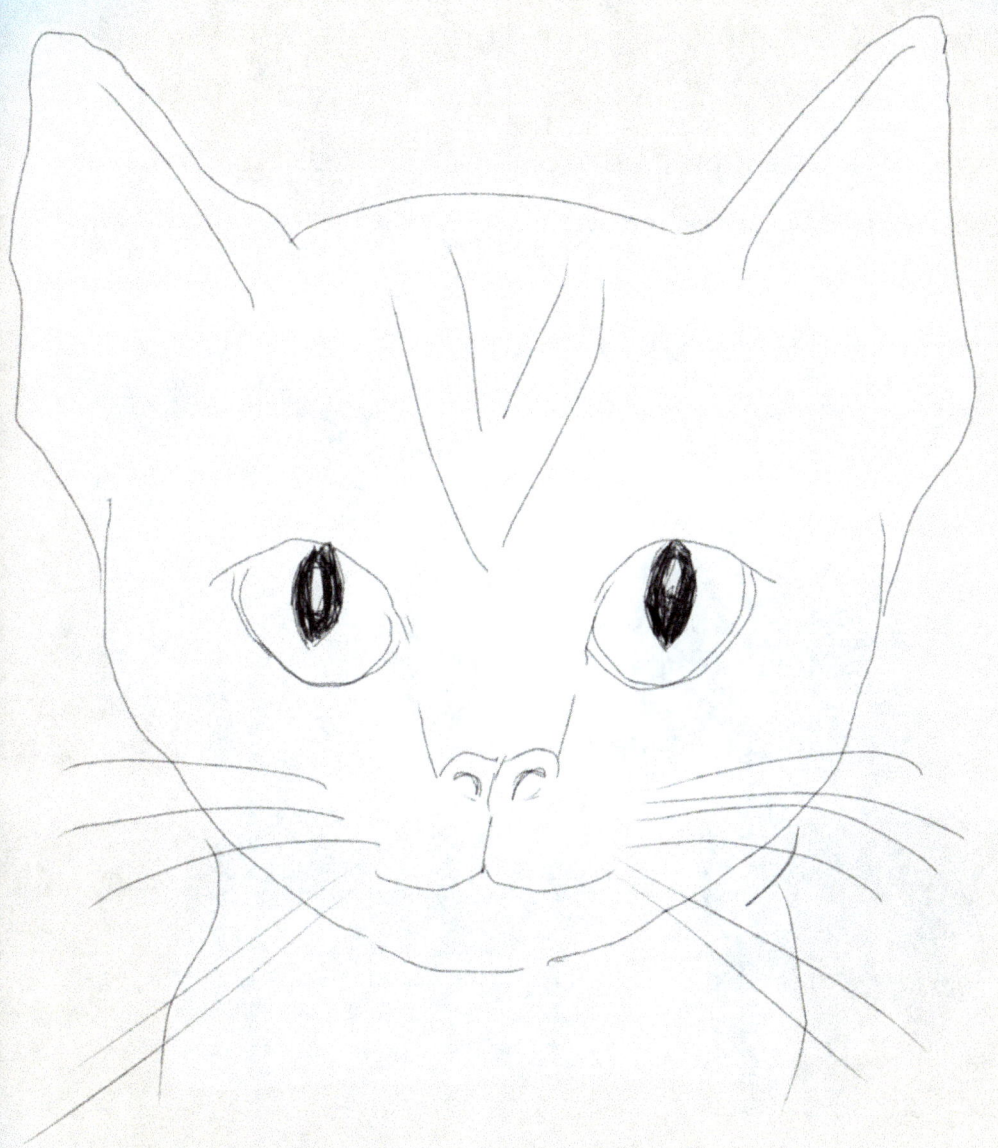

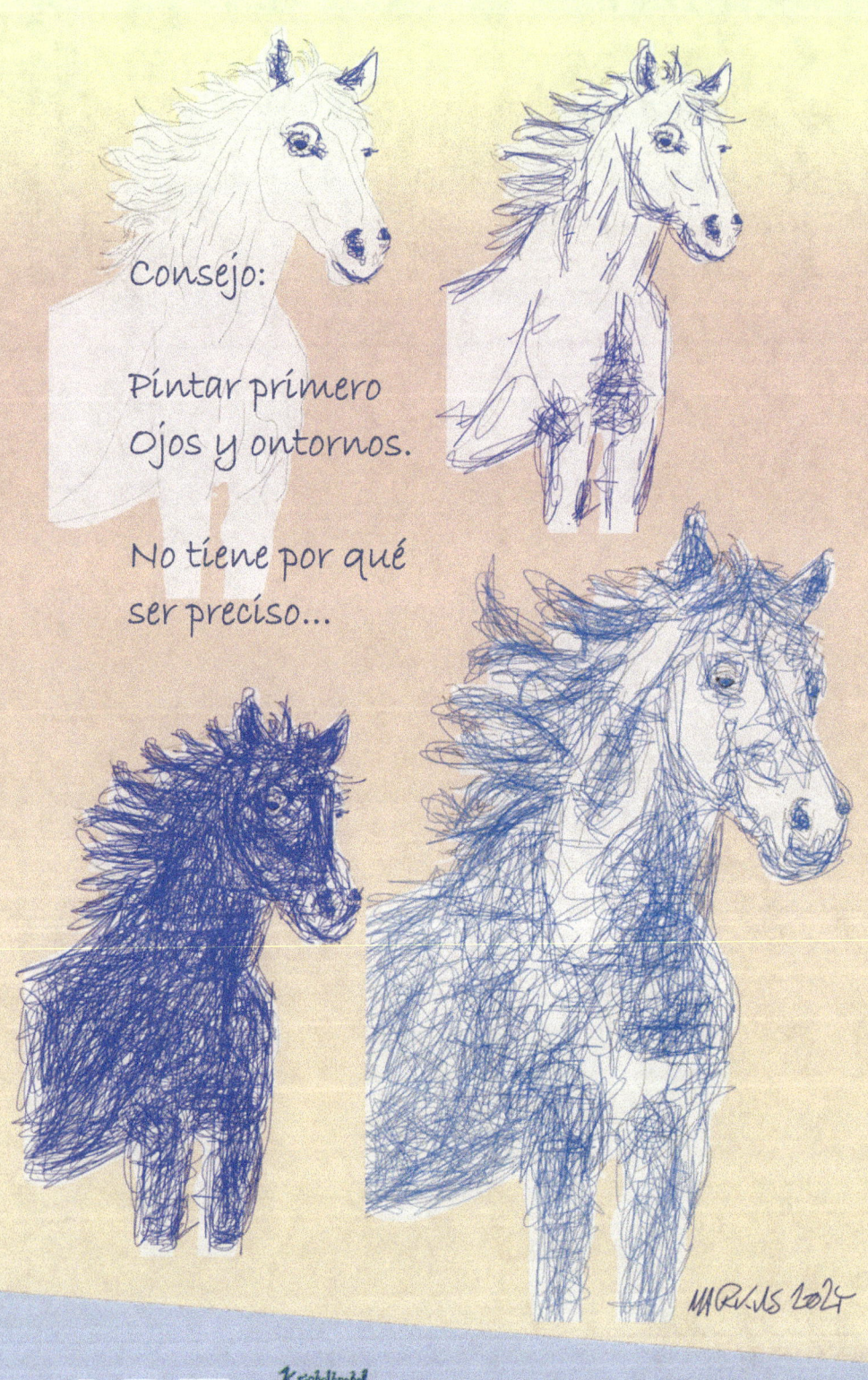

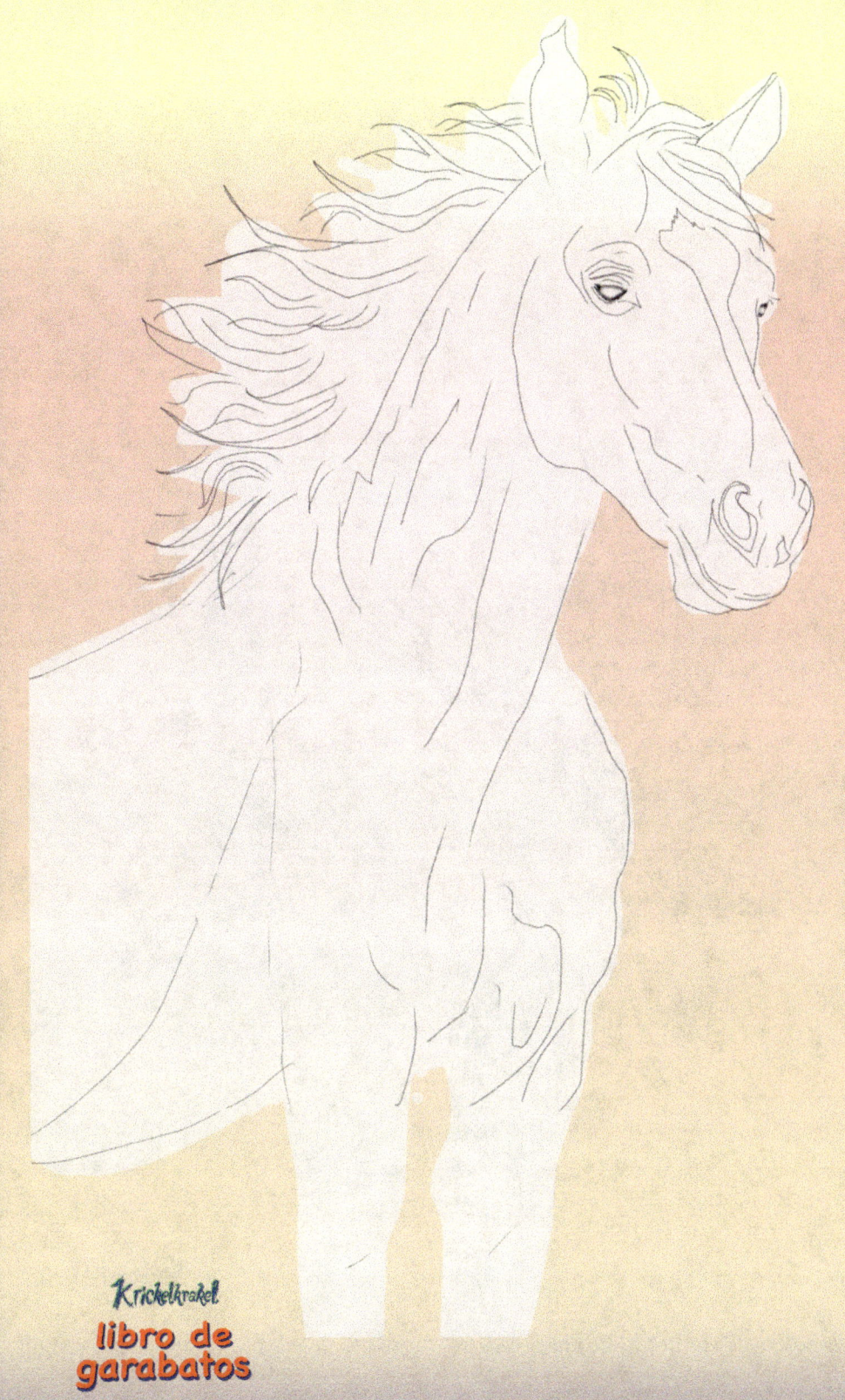

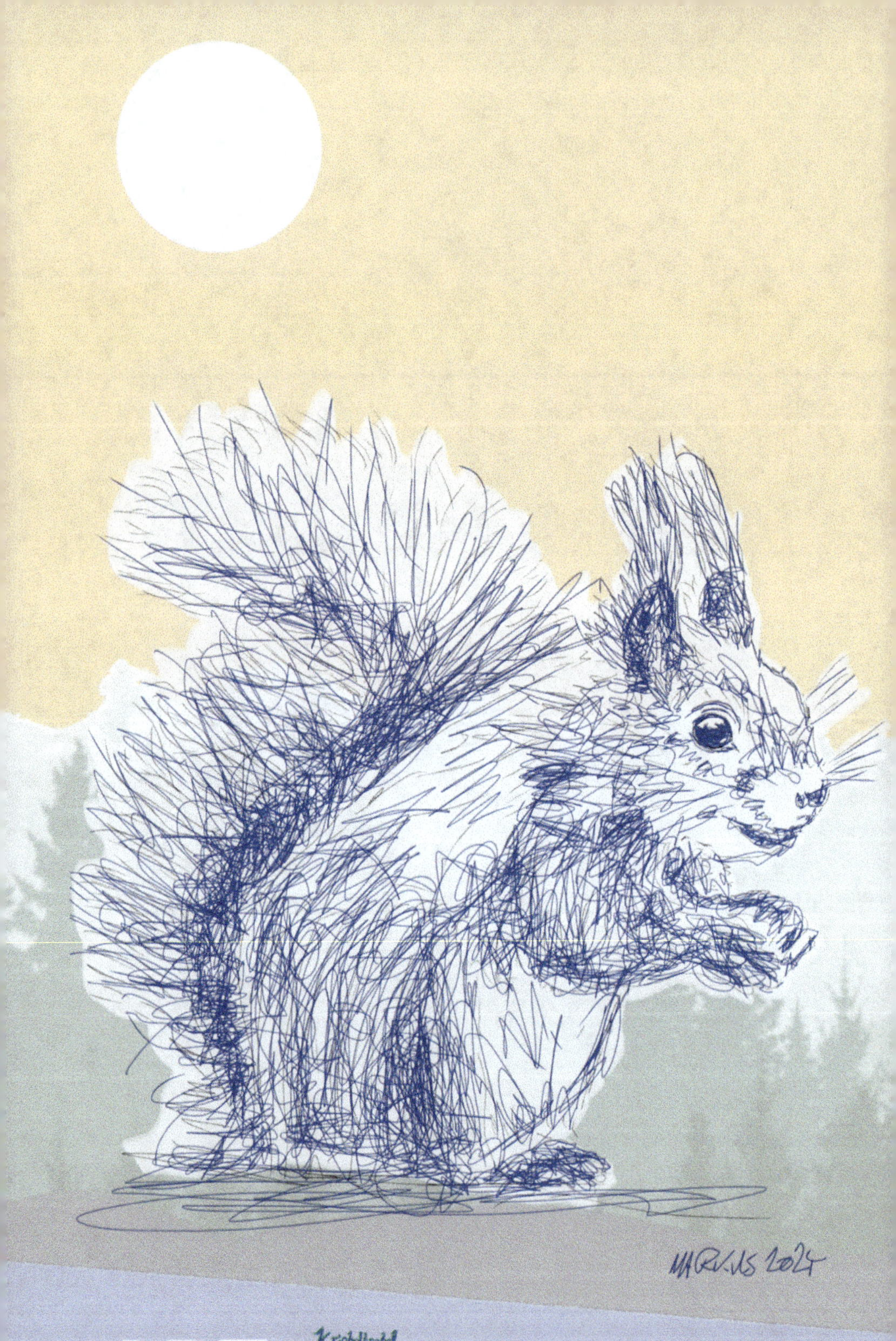

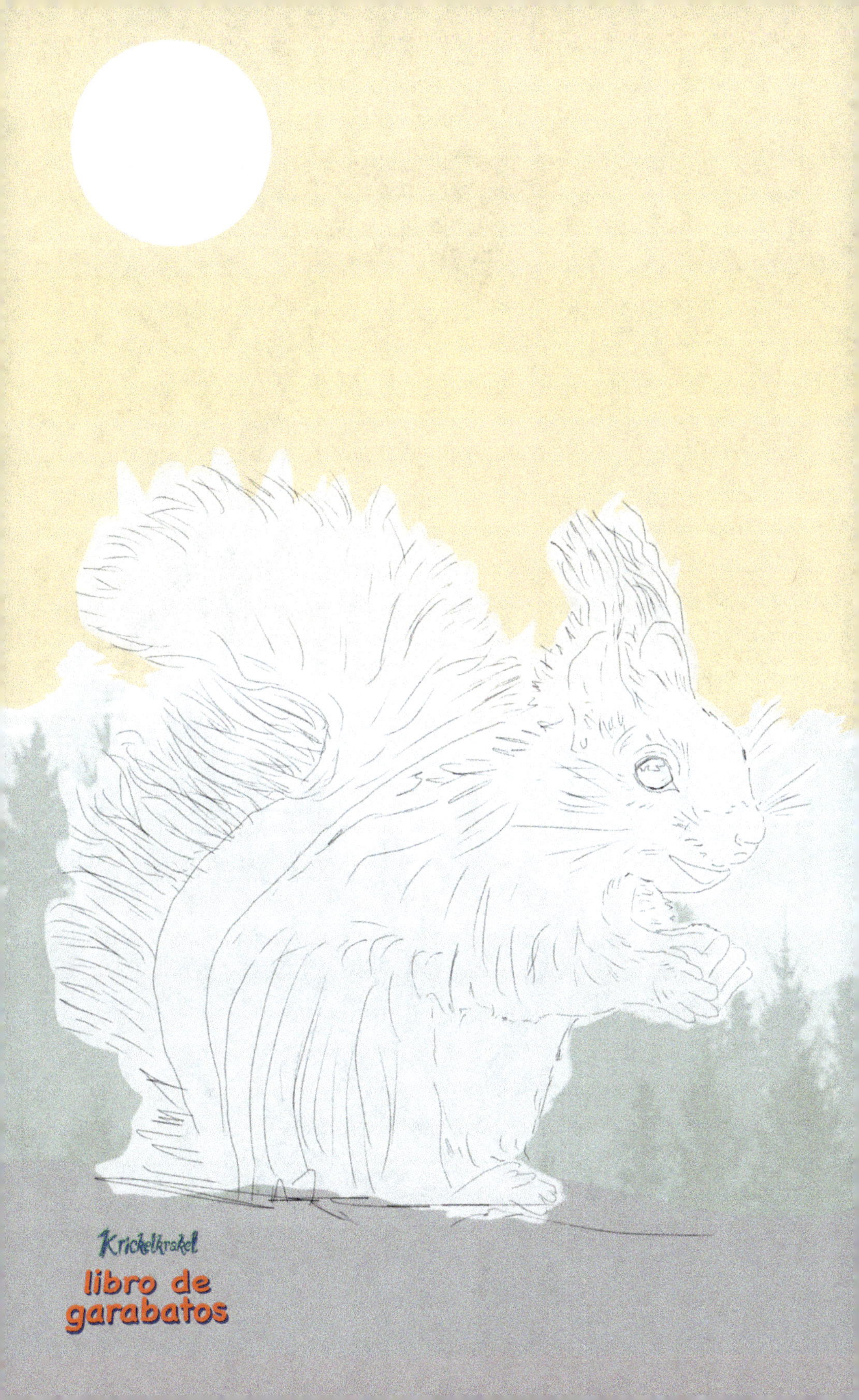

Krichelkrakel

libro de garabatos

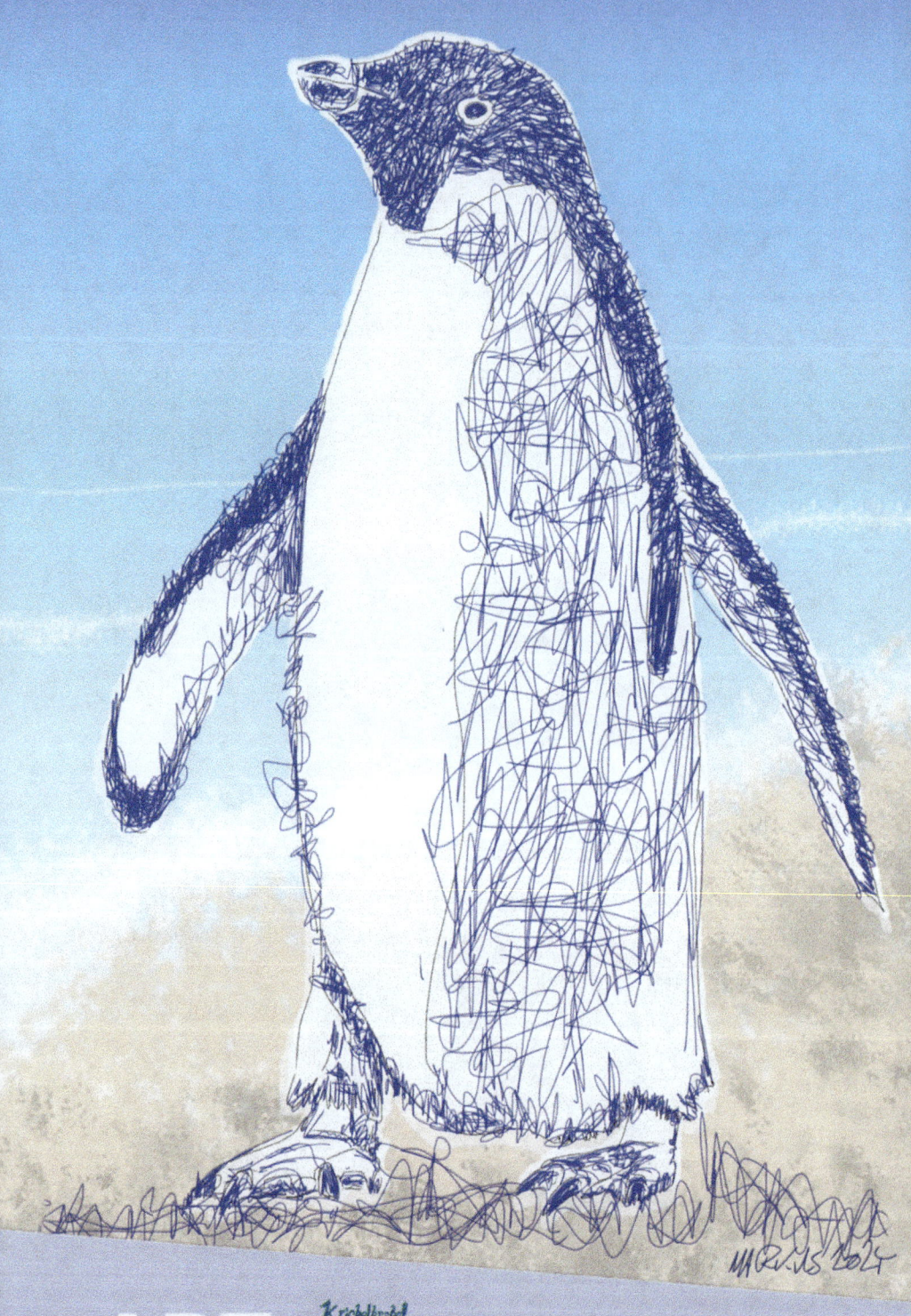

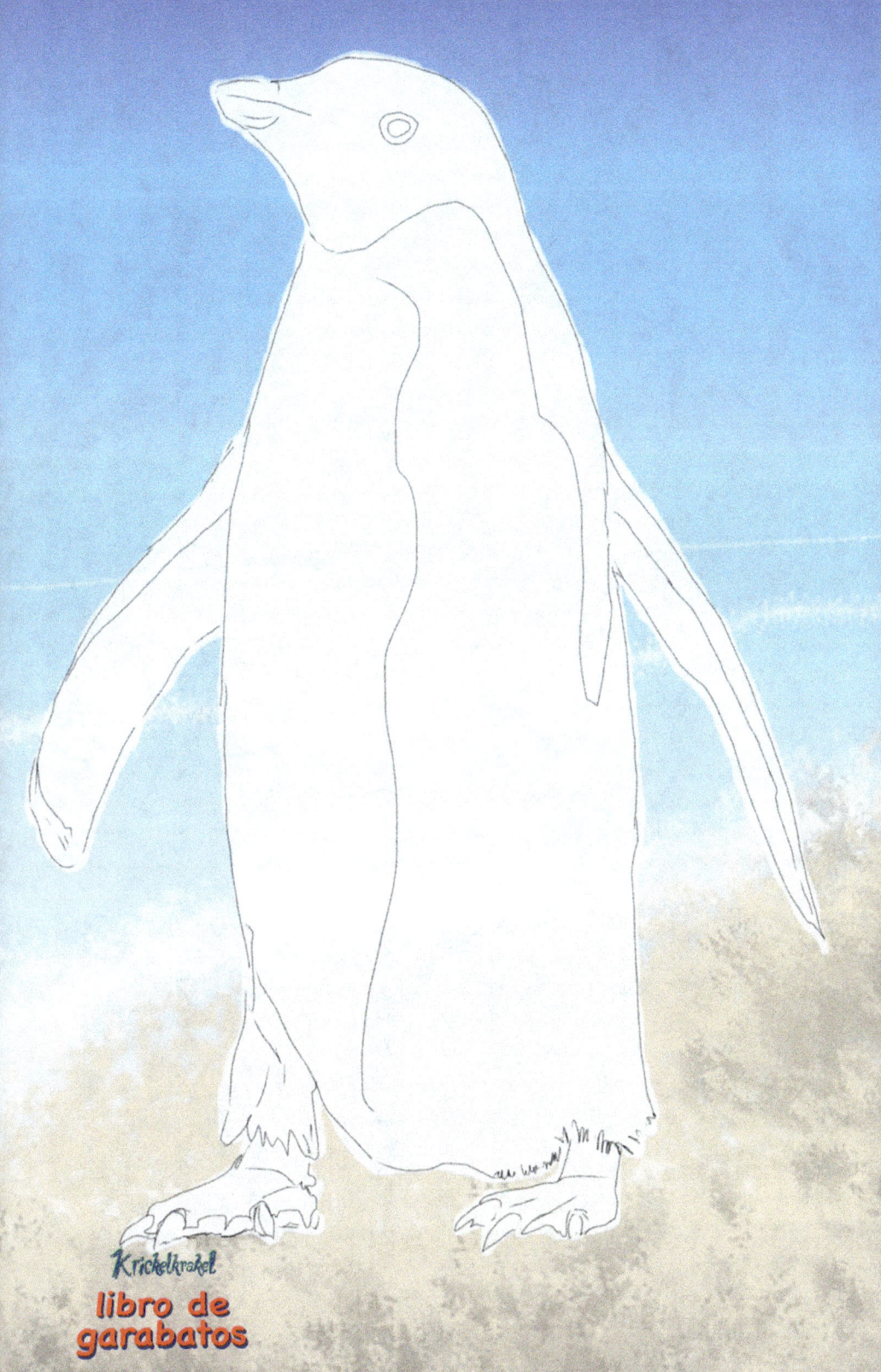

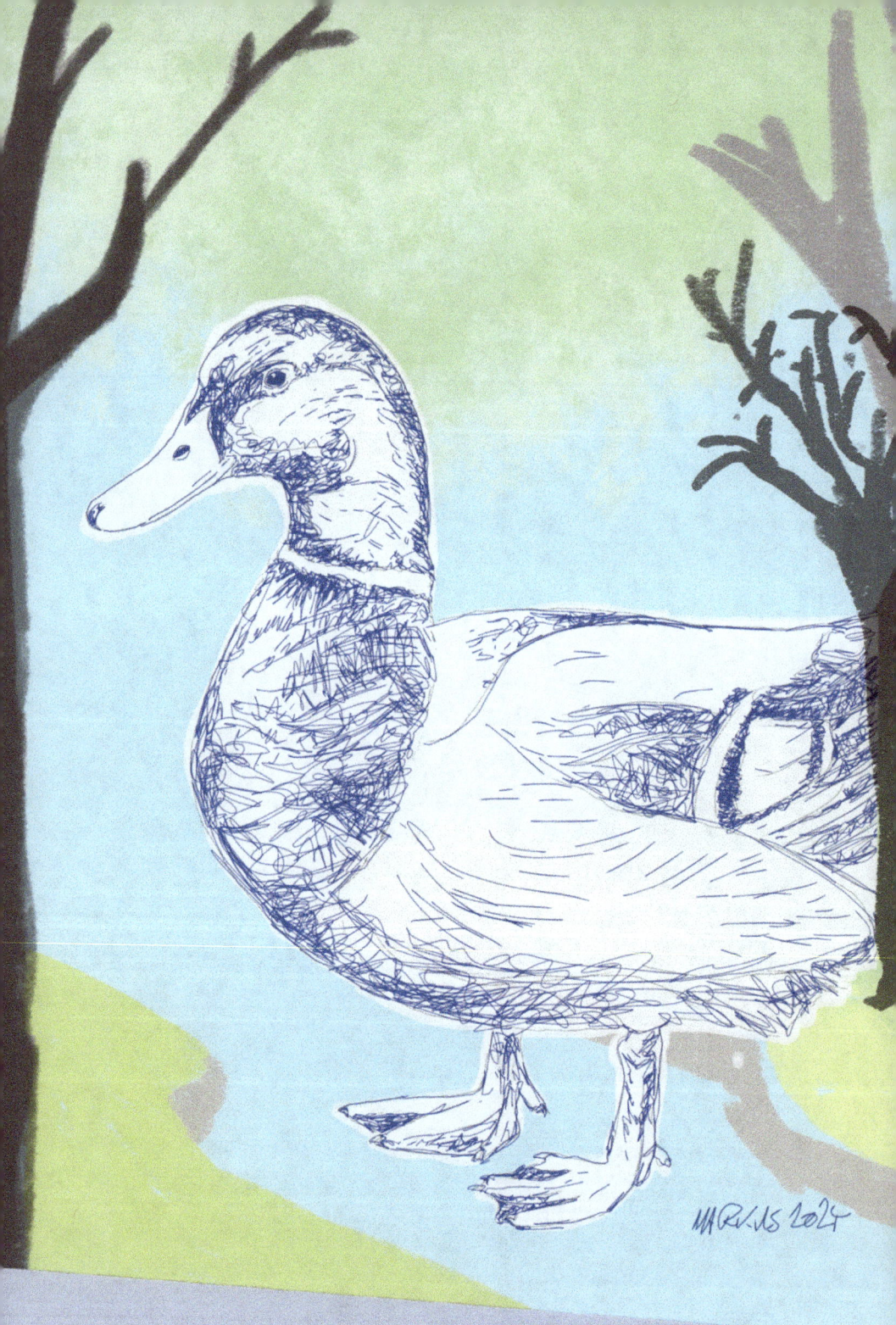

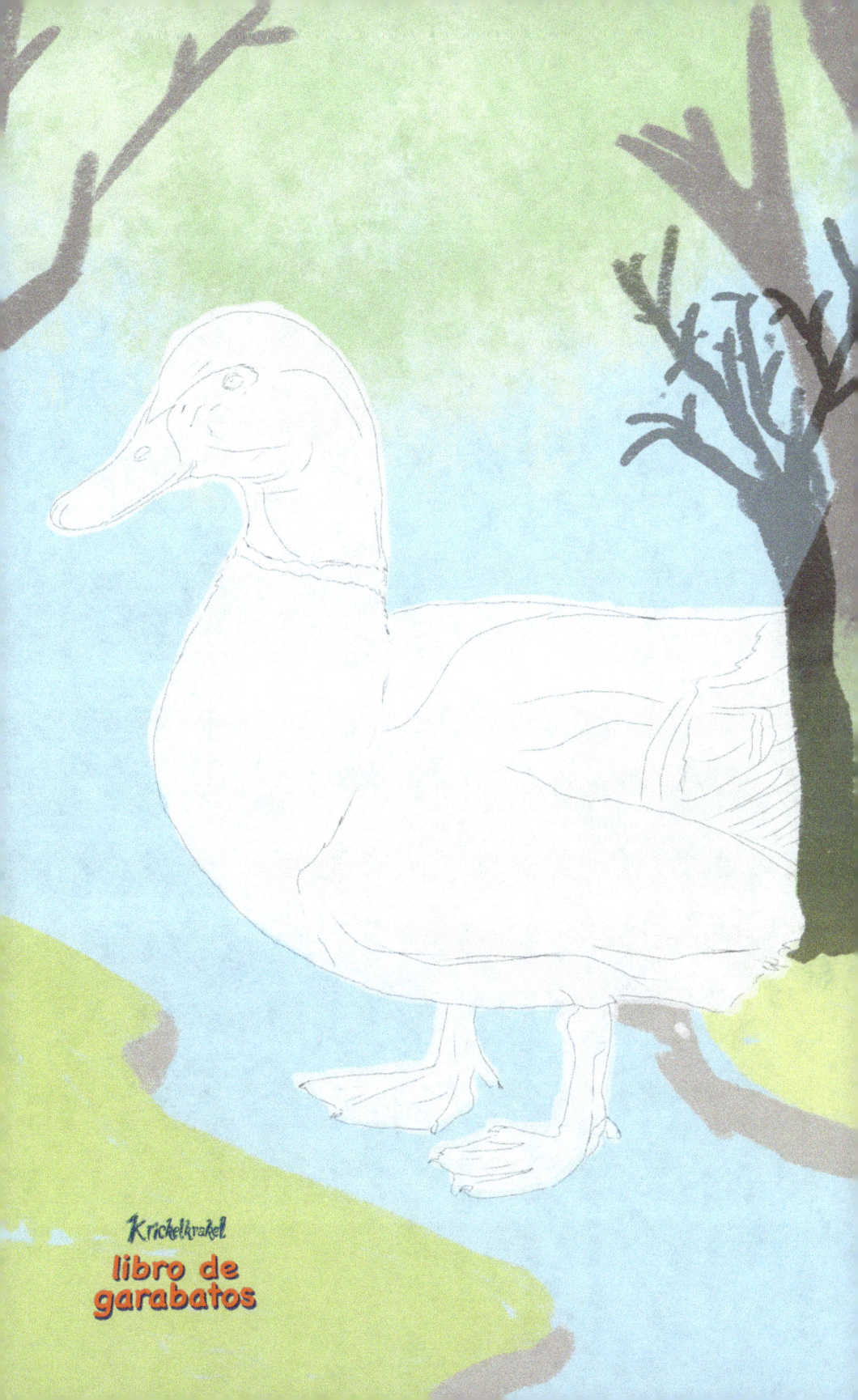

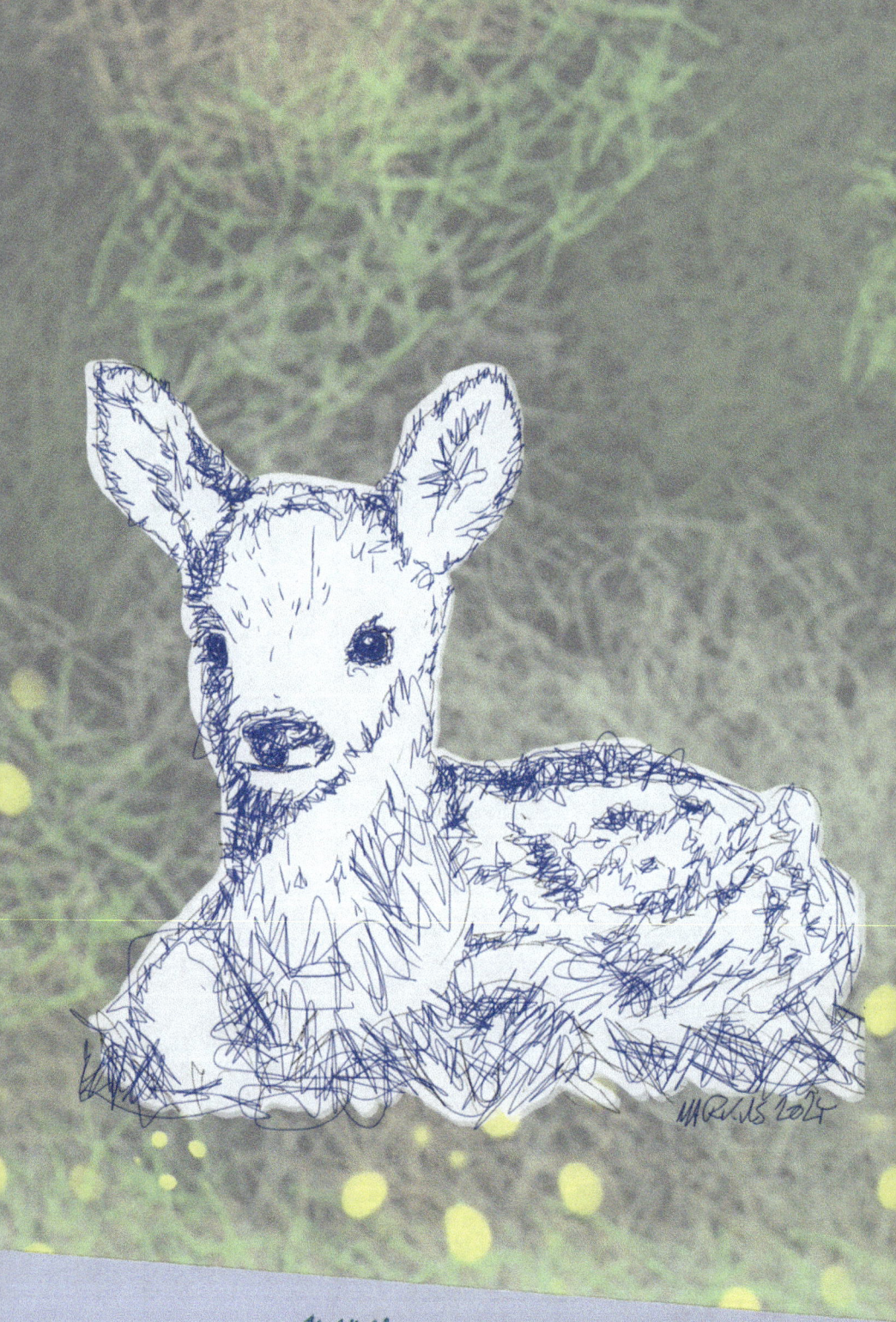

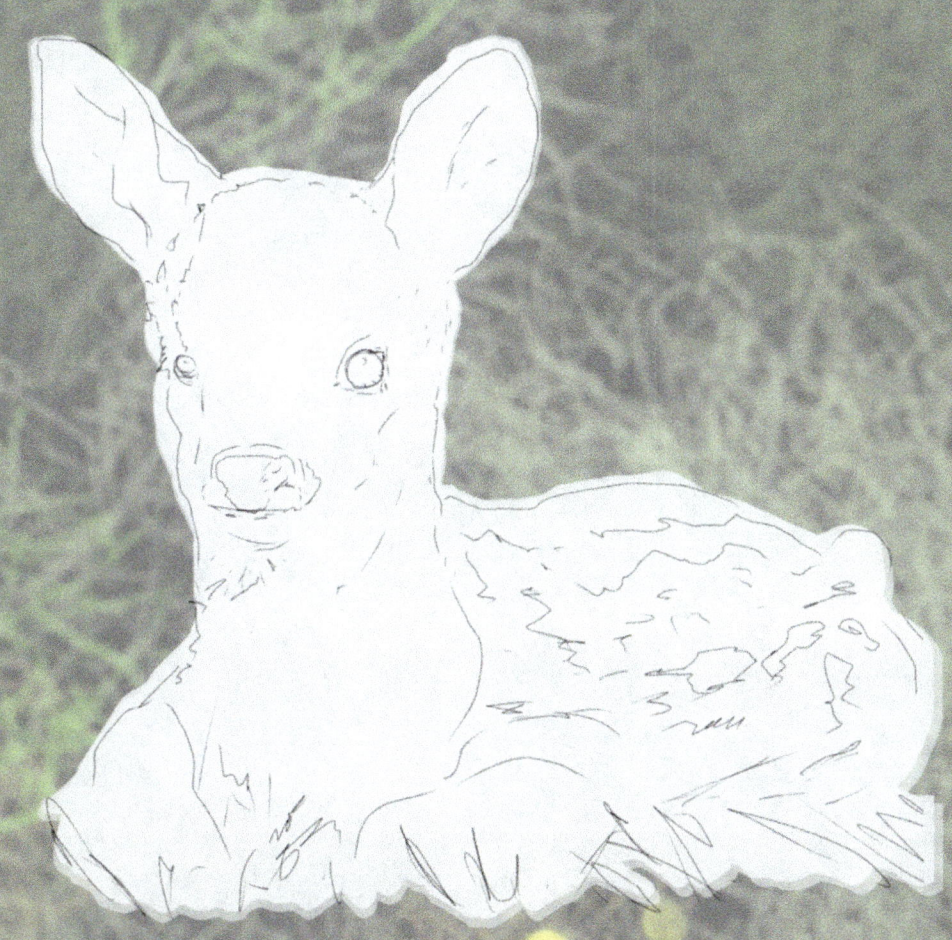

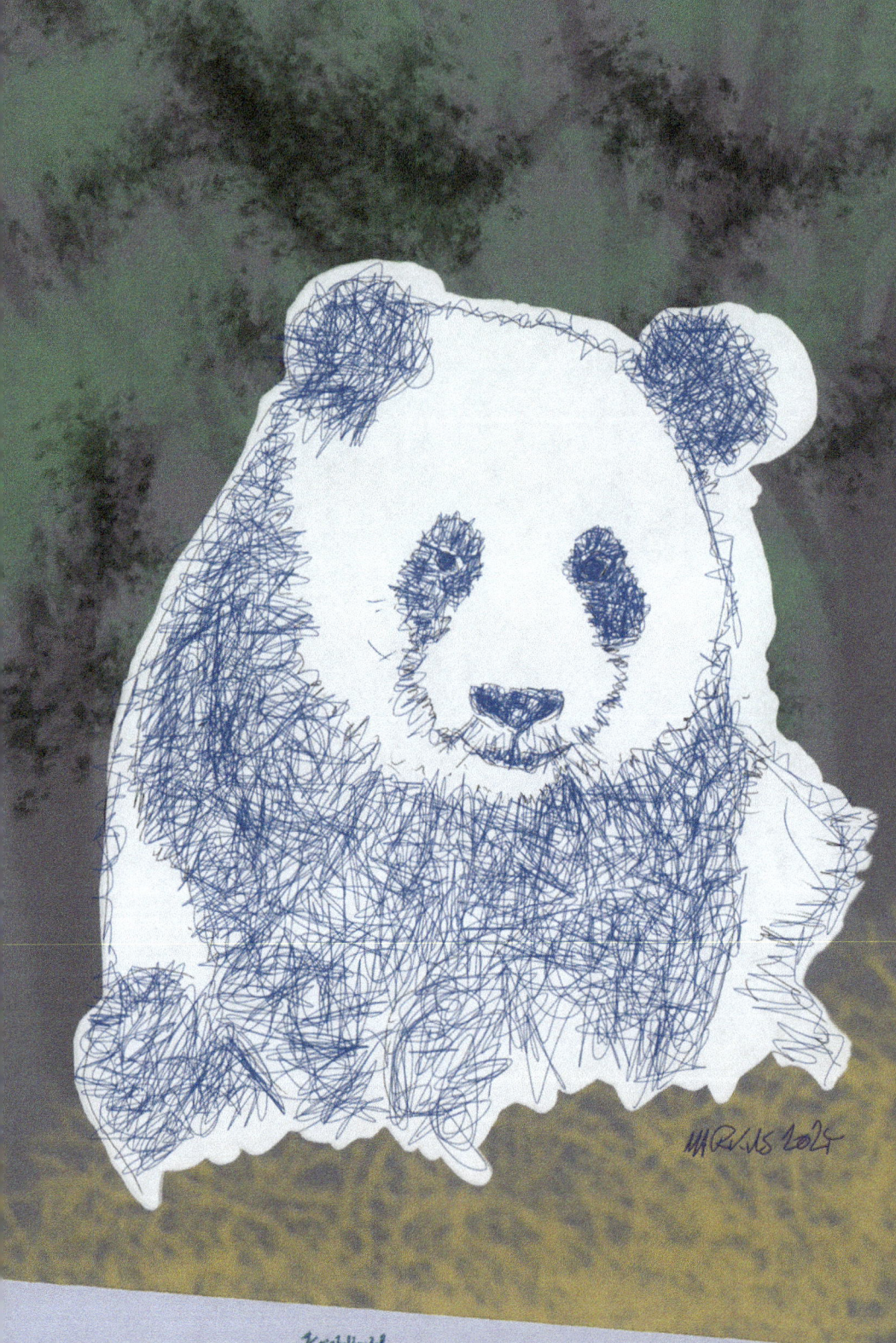

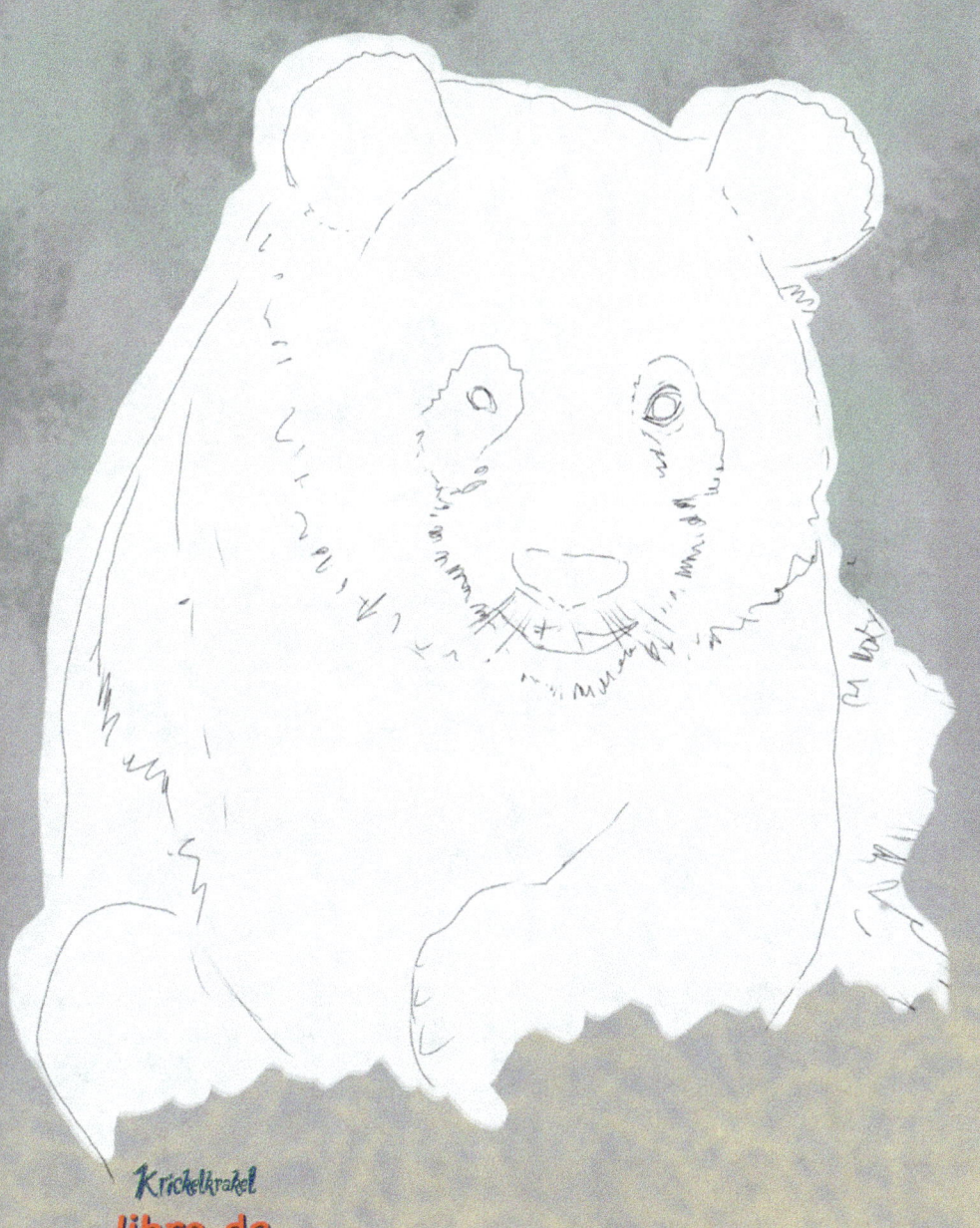

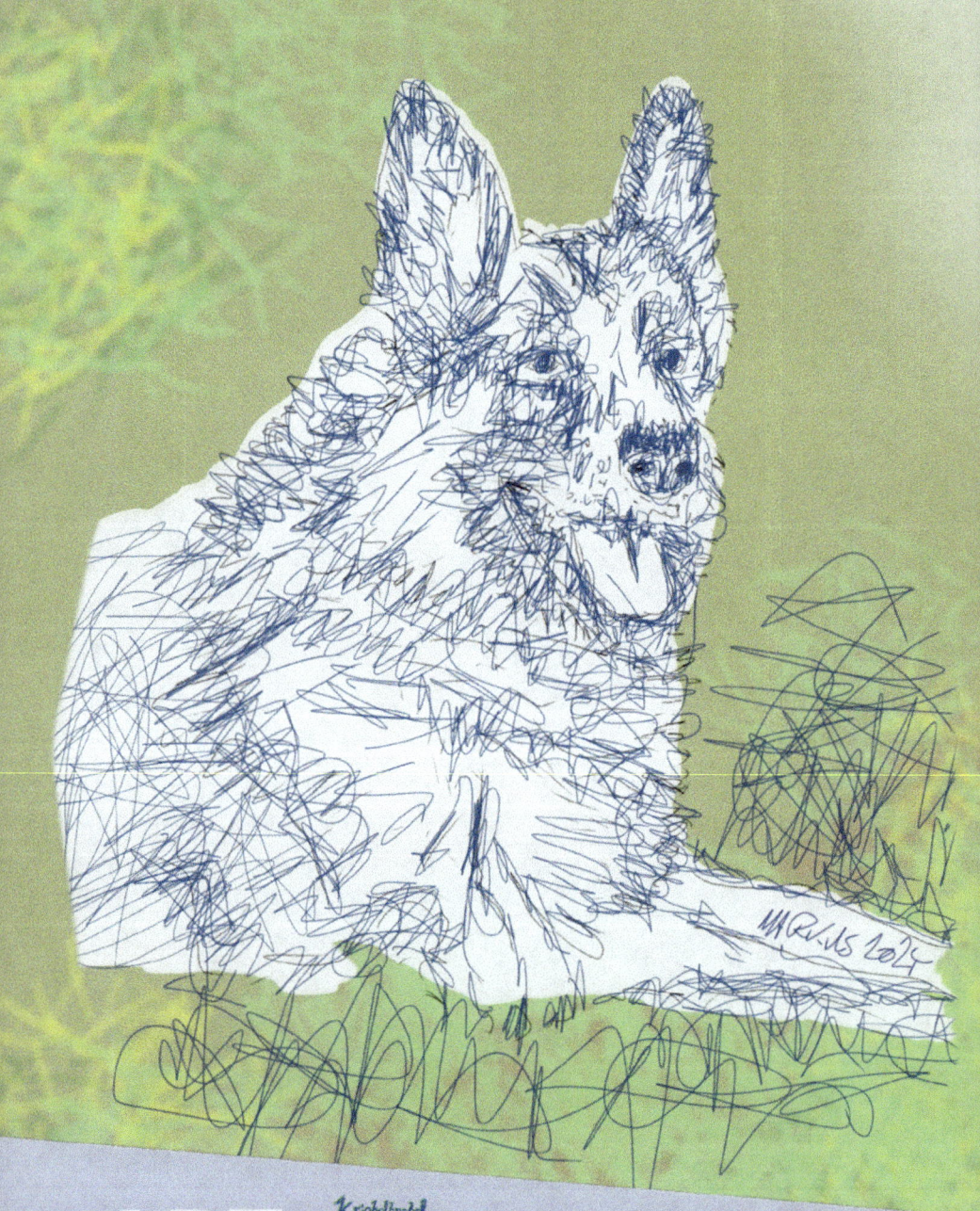

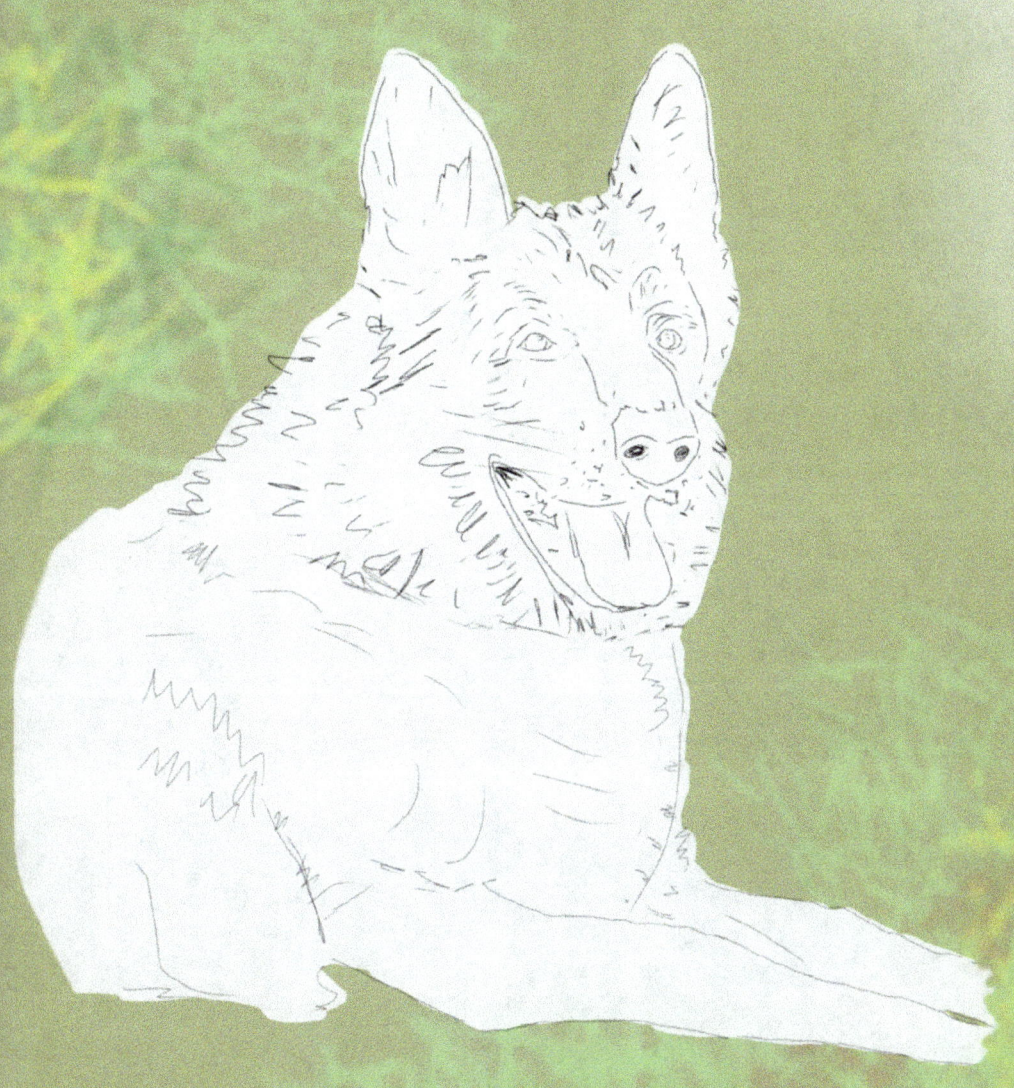

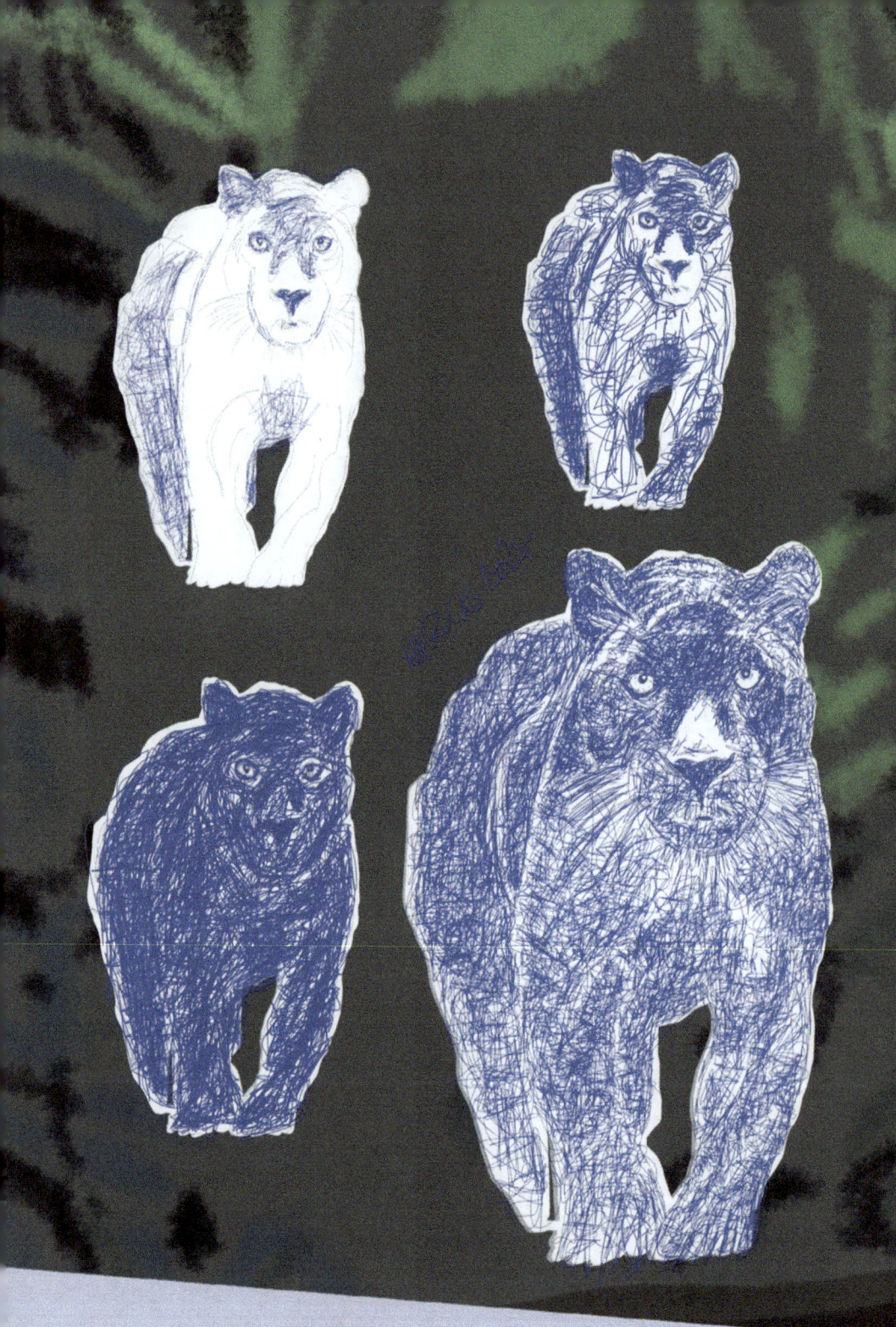

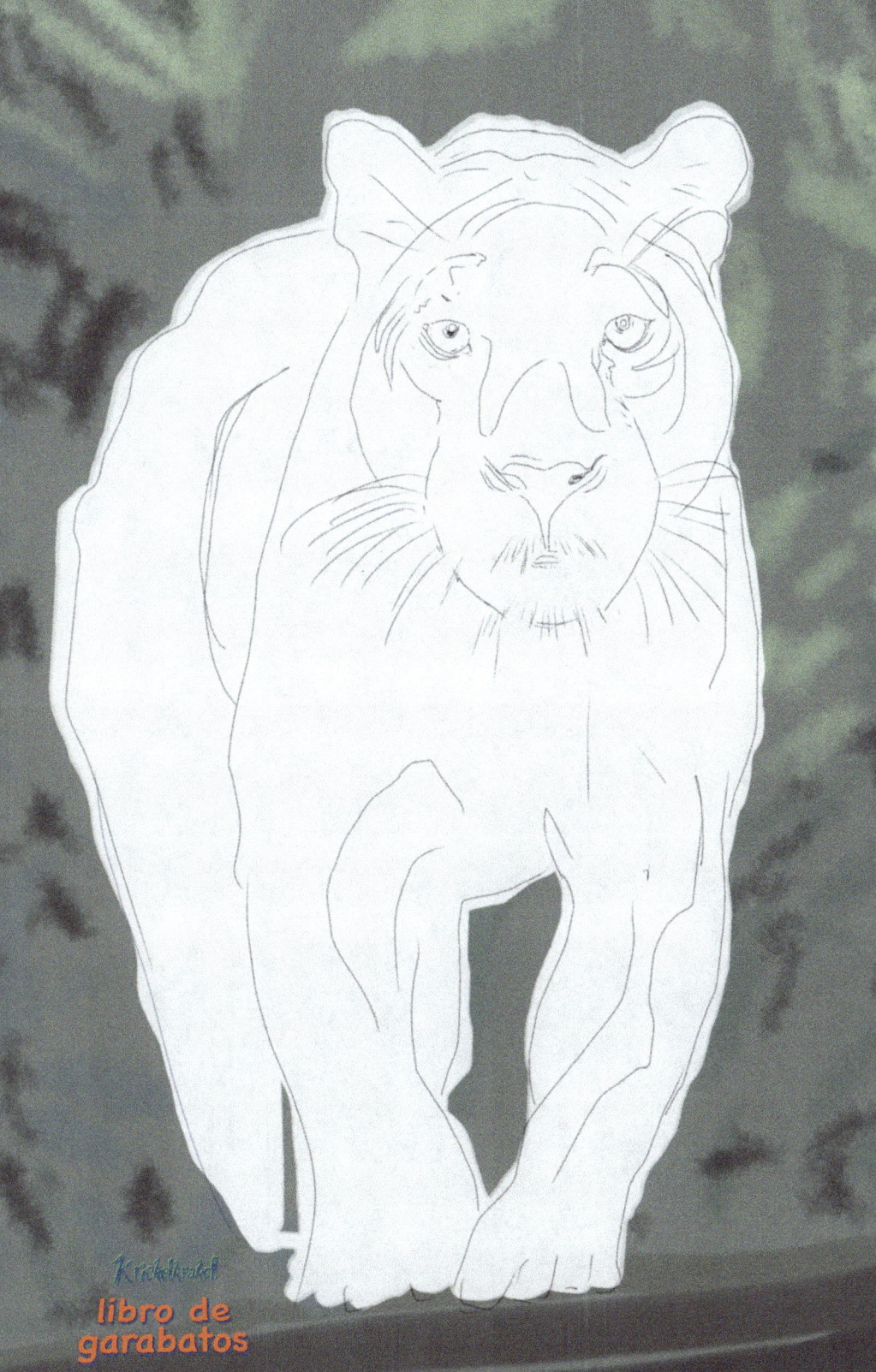

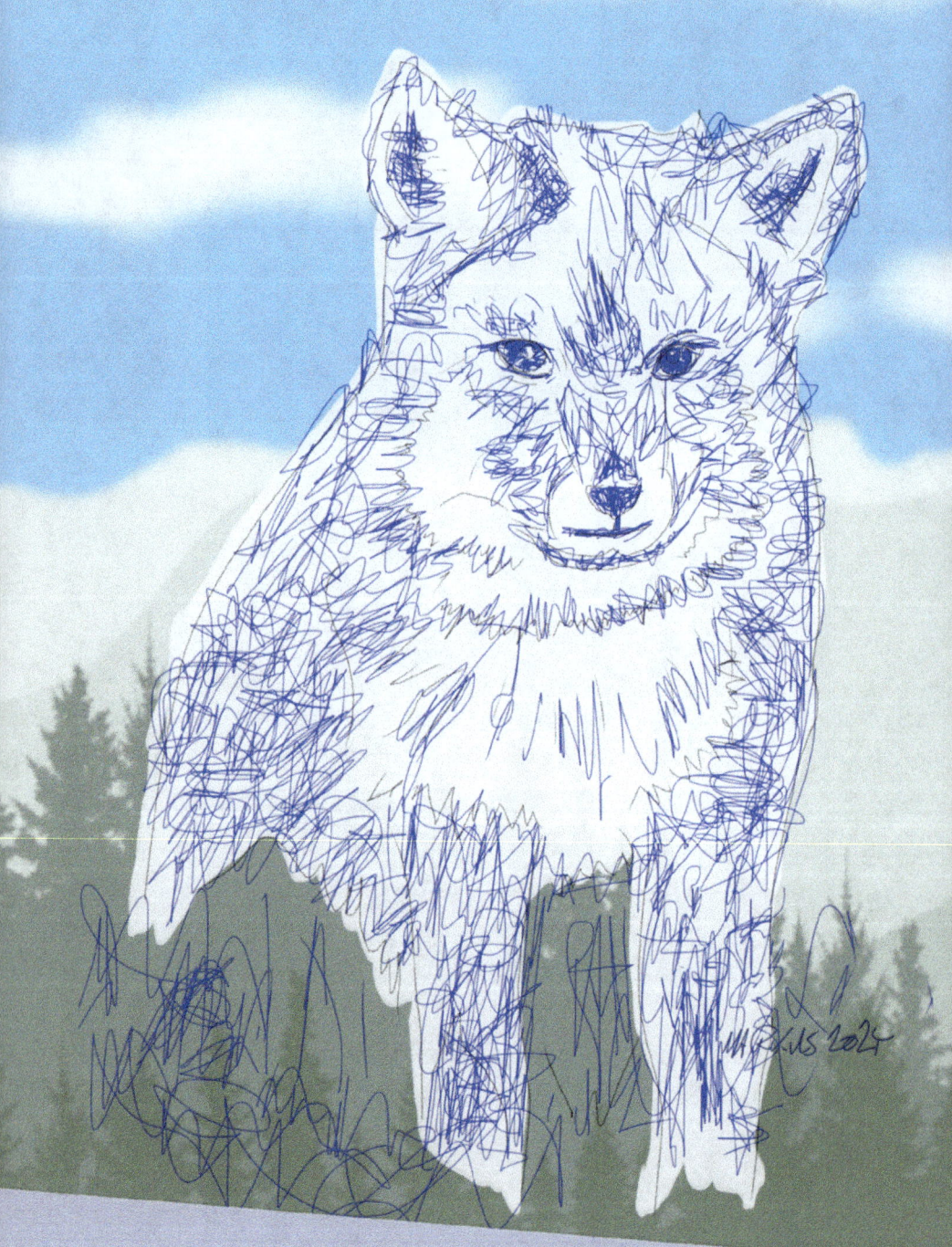

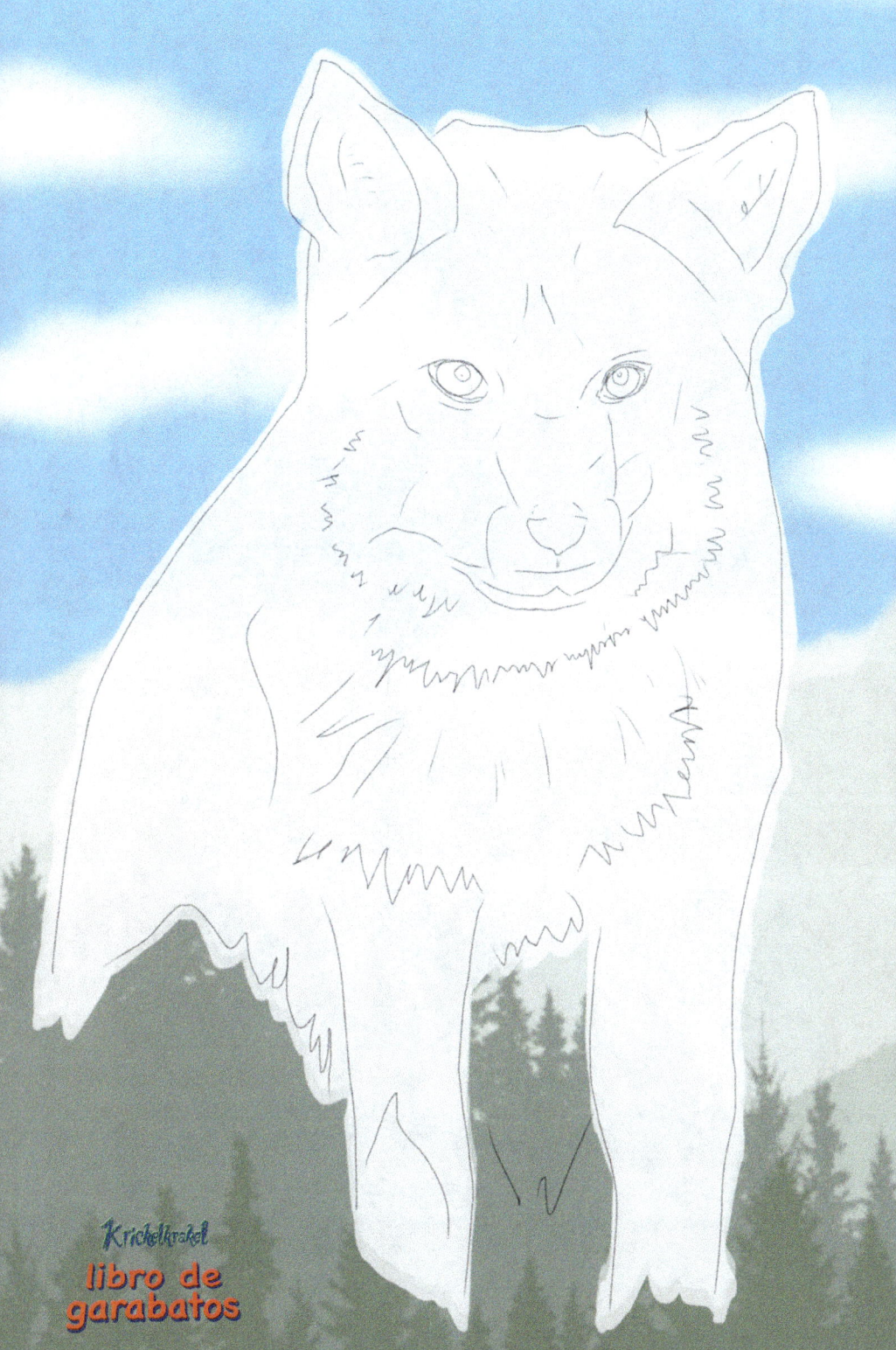

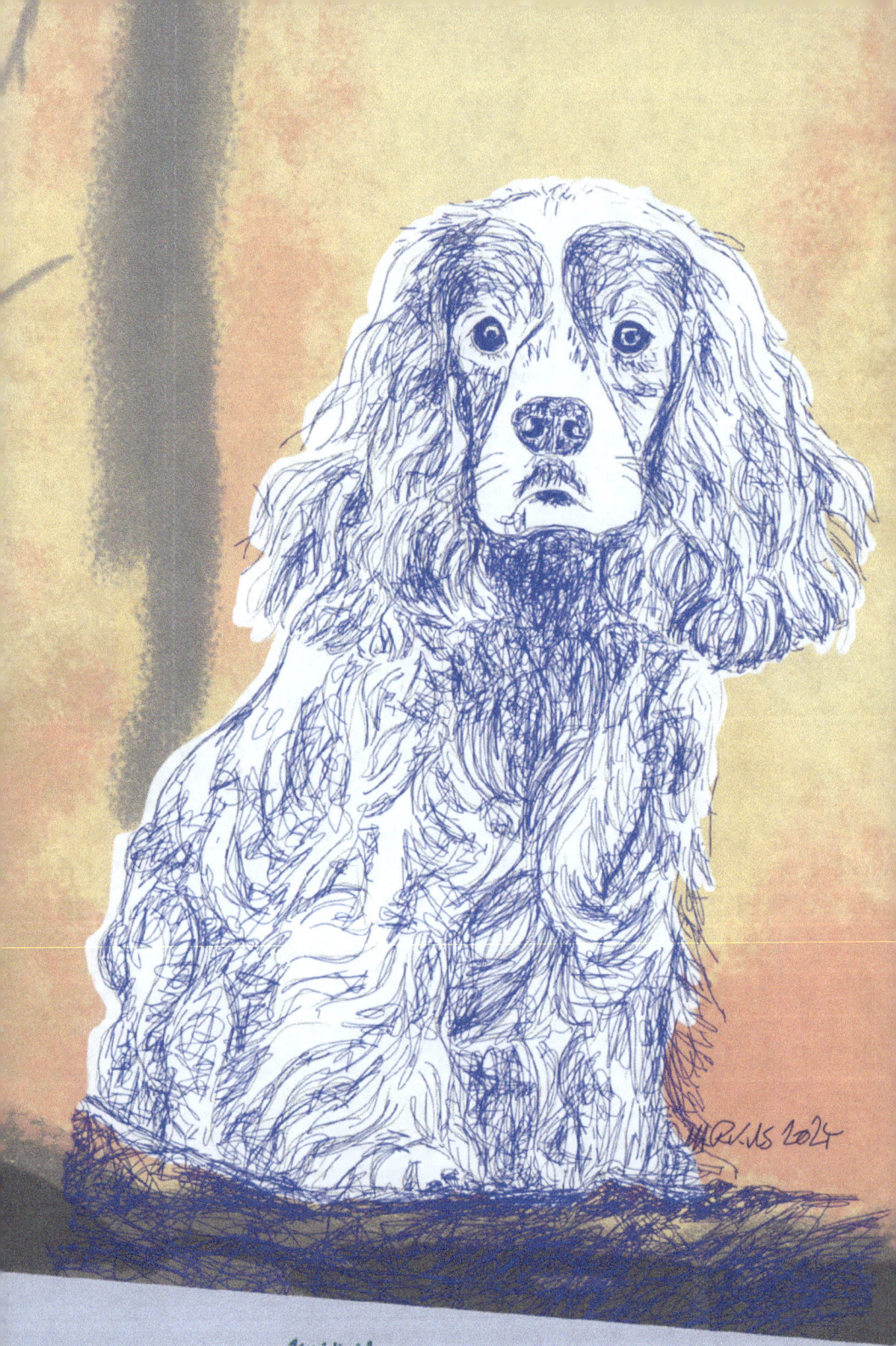

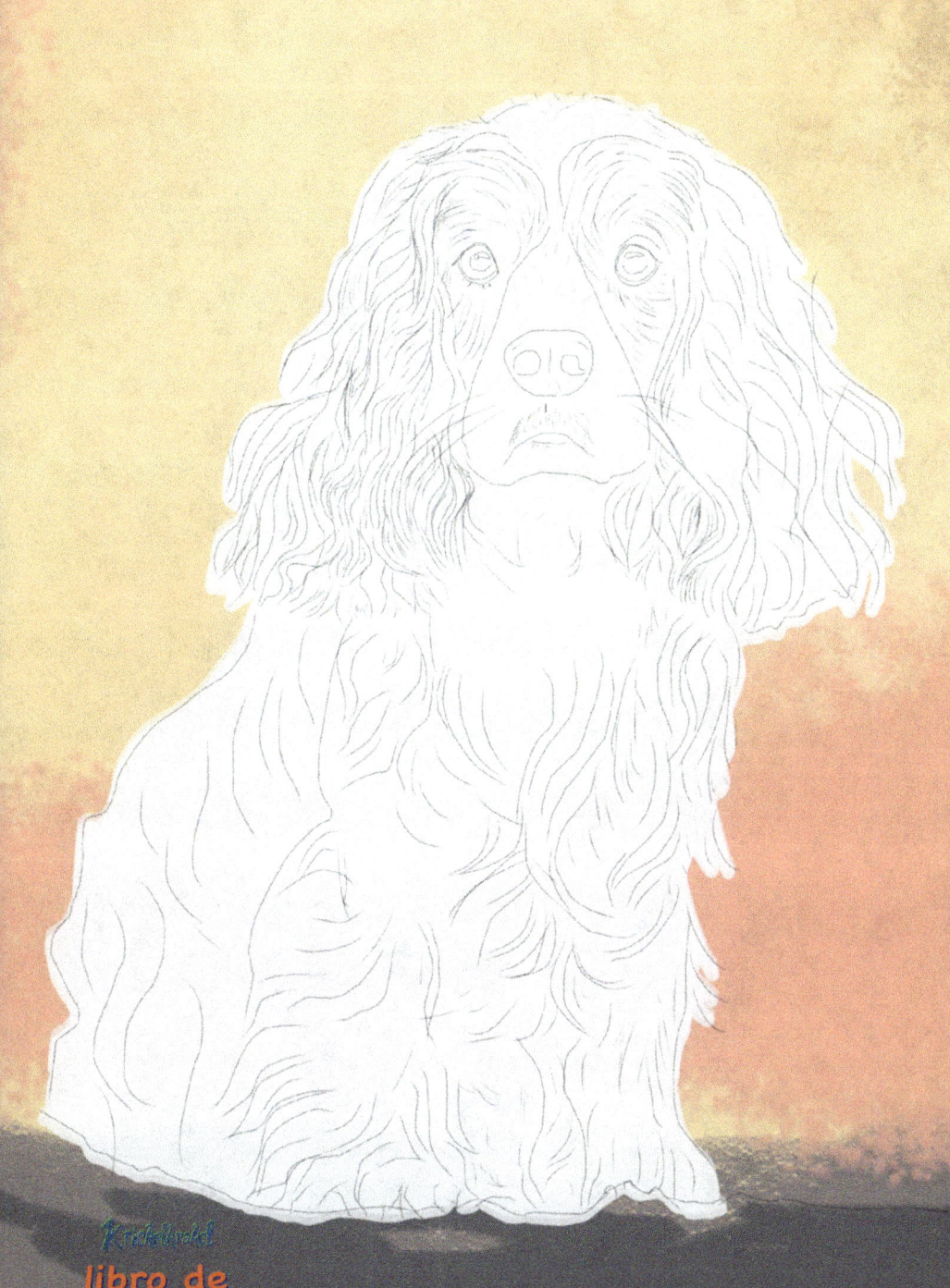

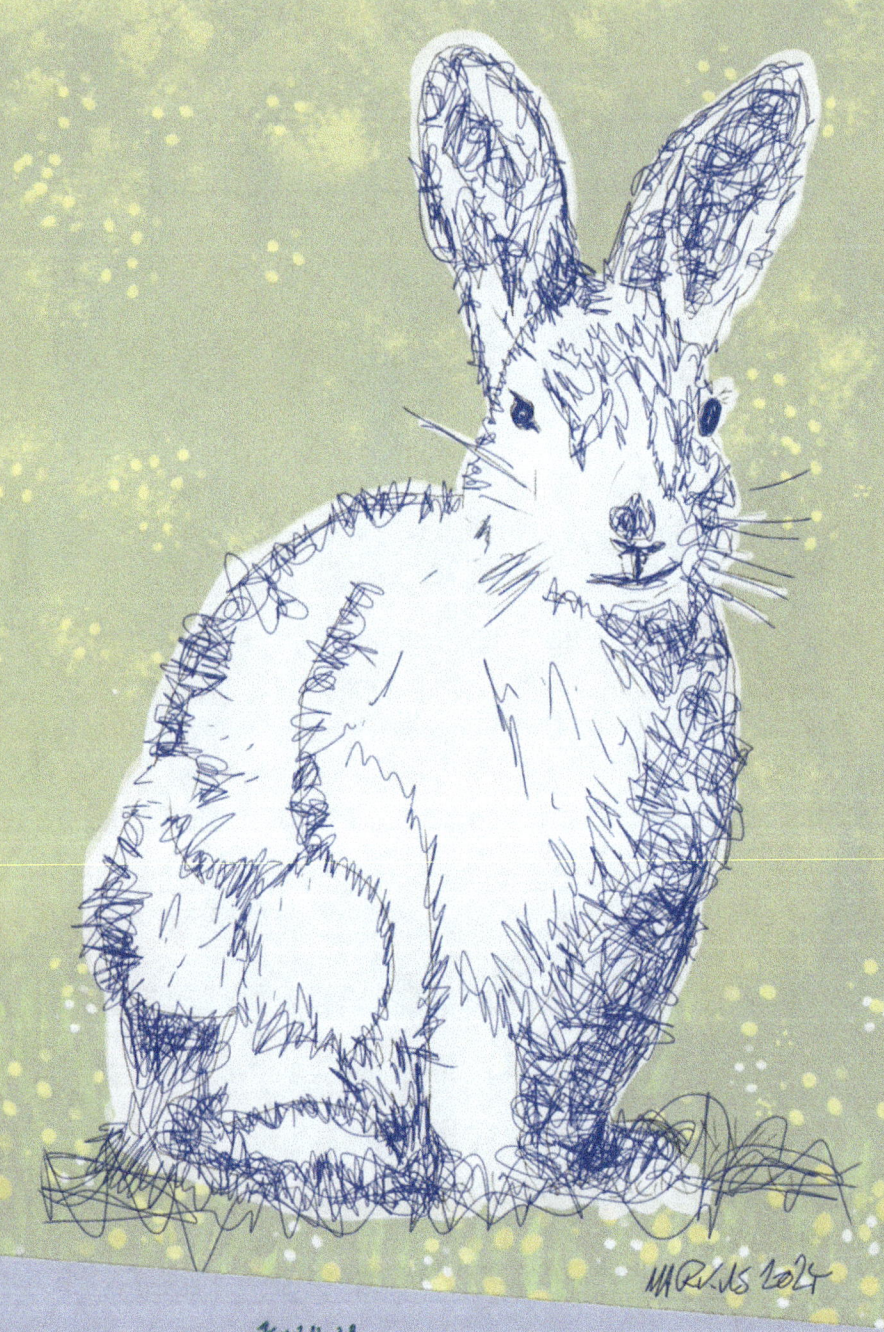

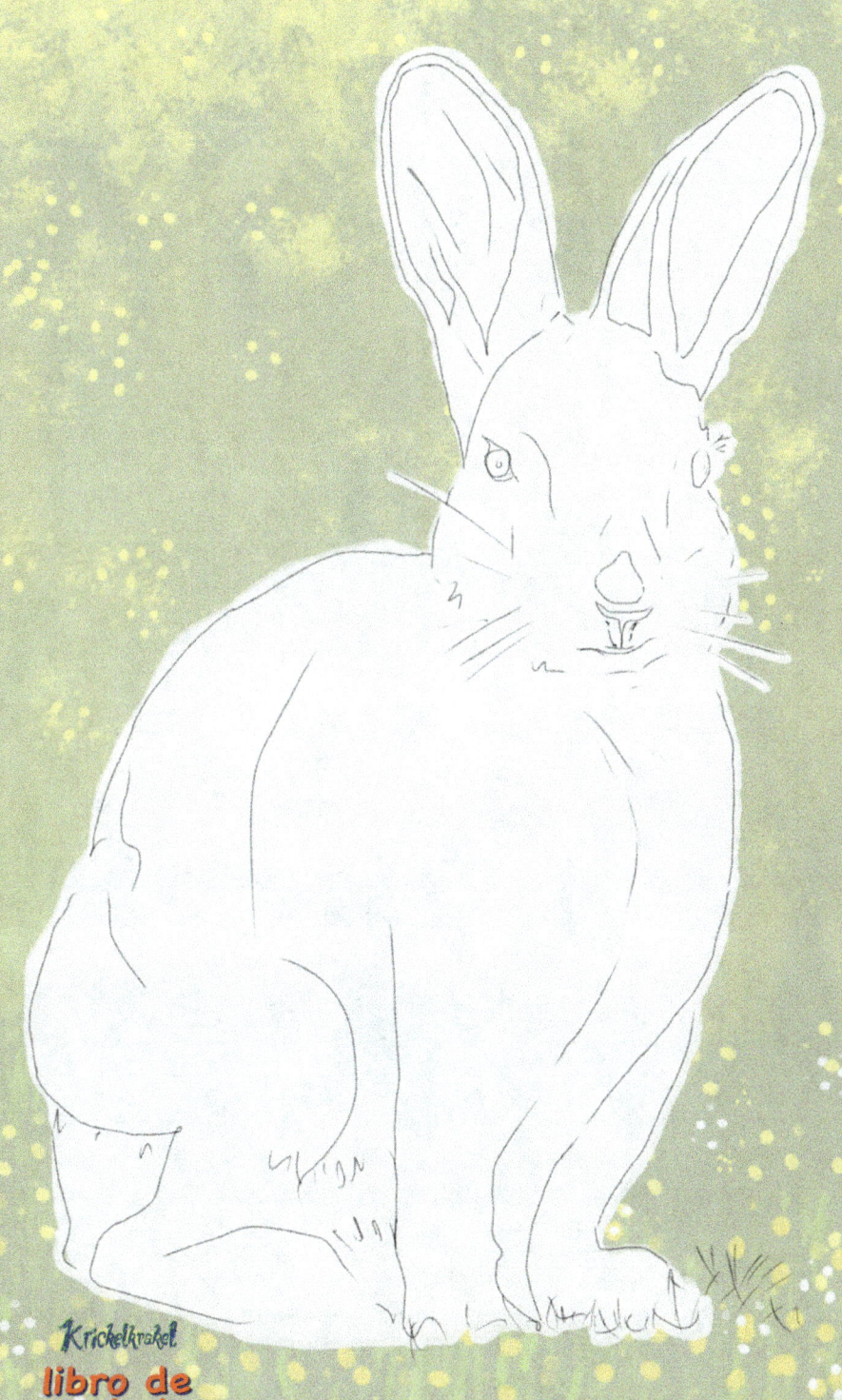

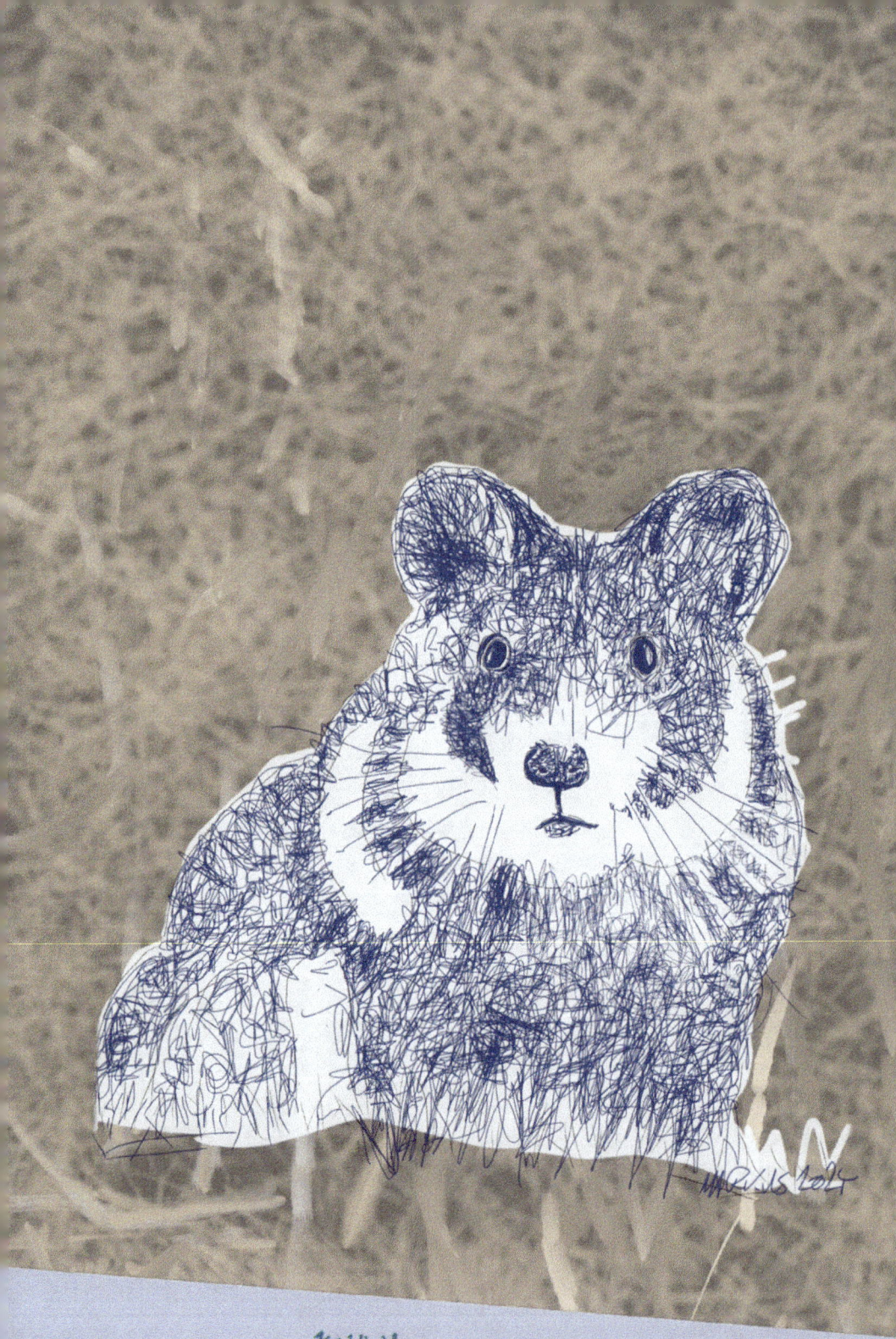

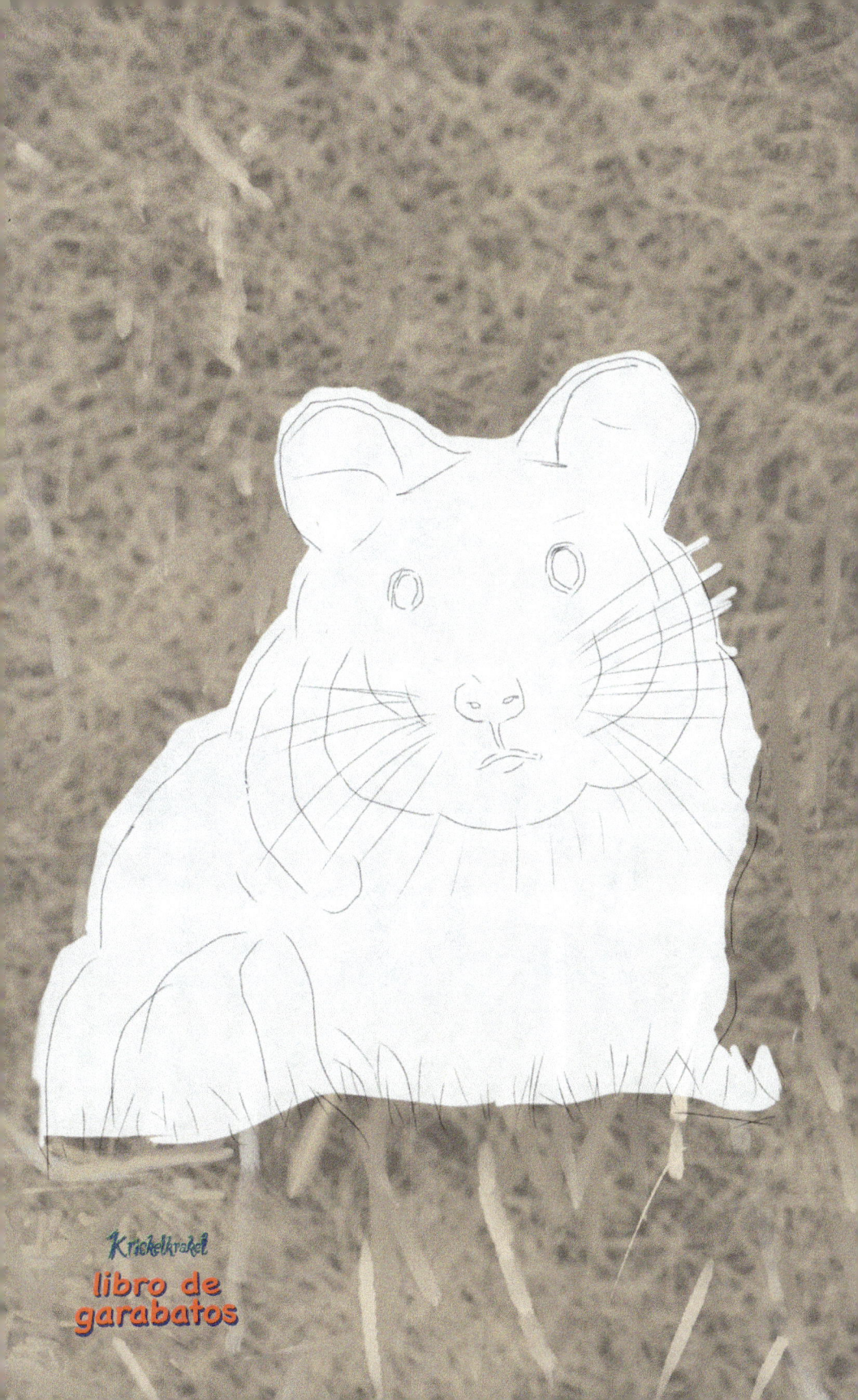

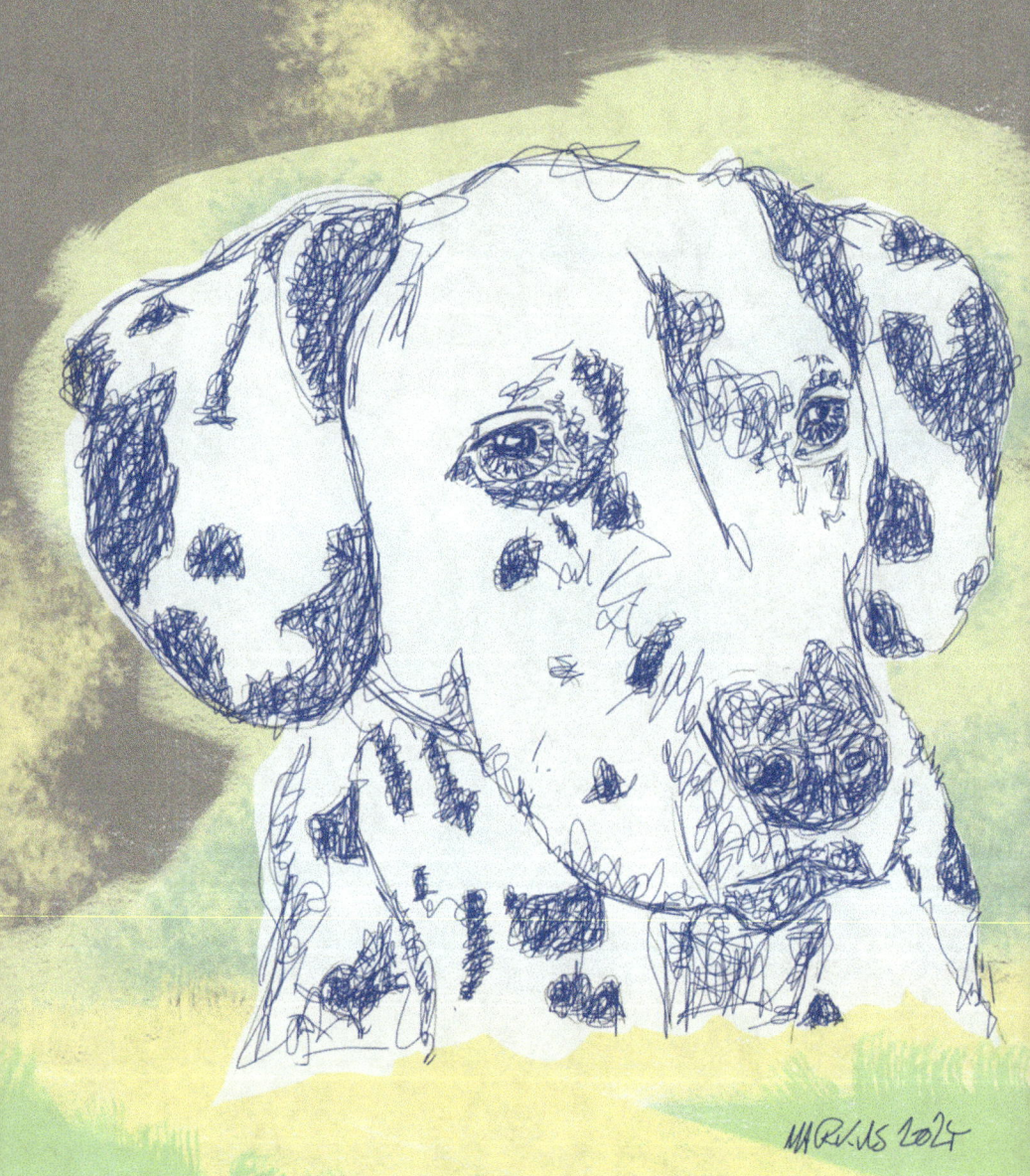

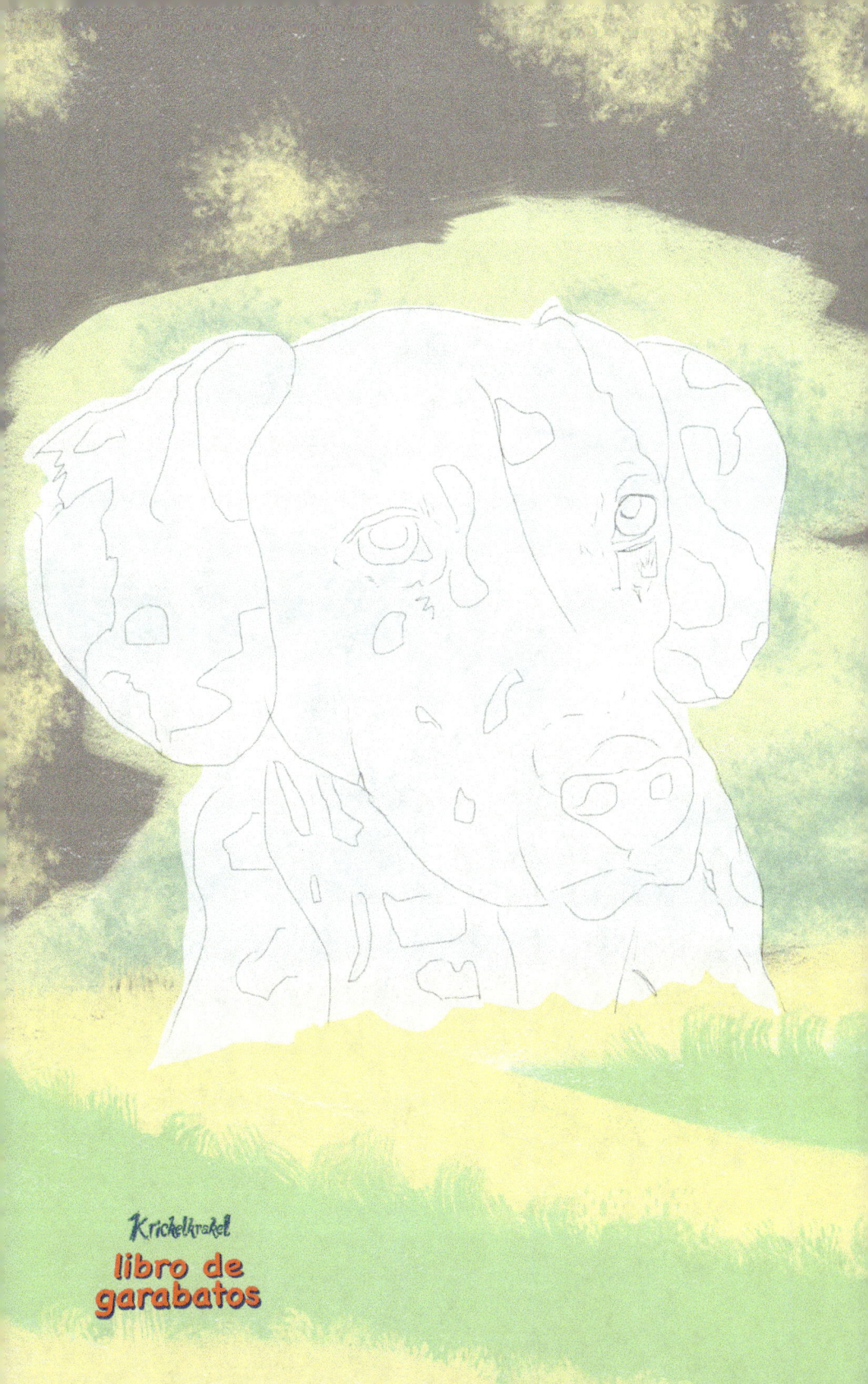

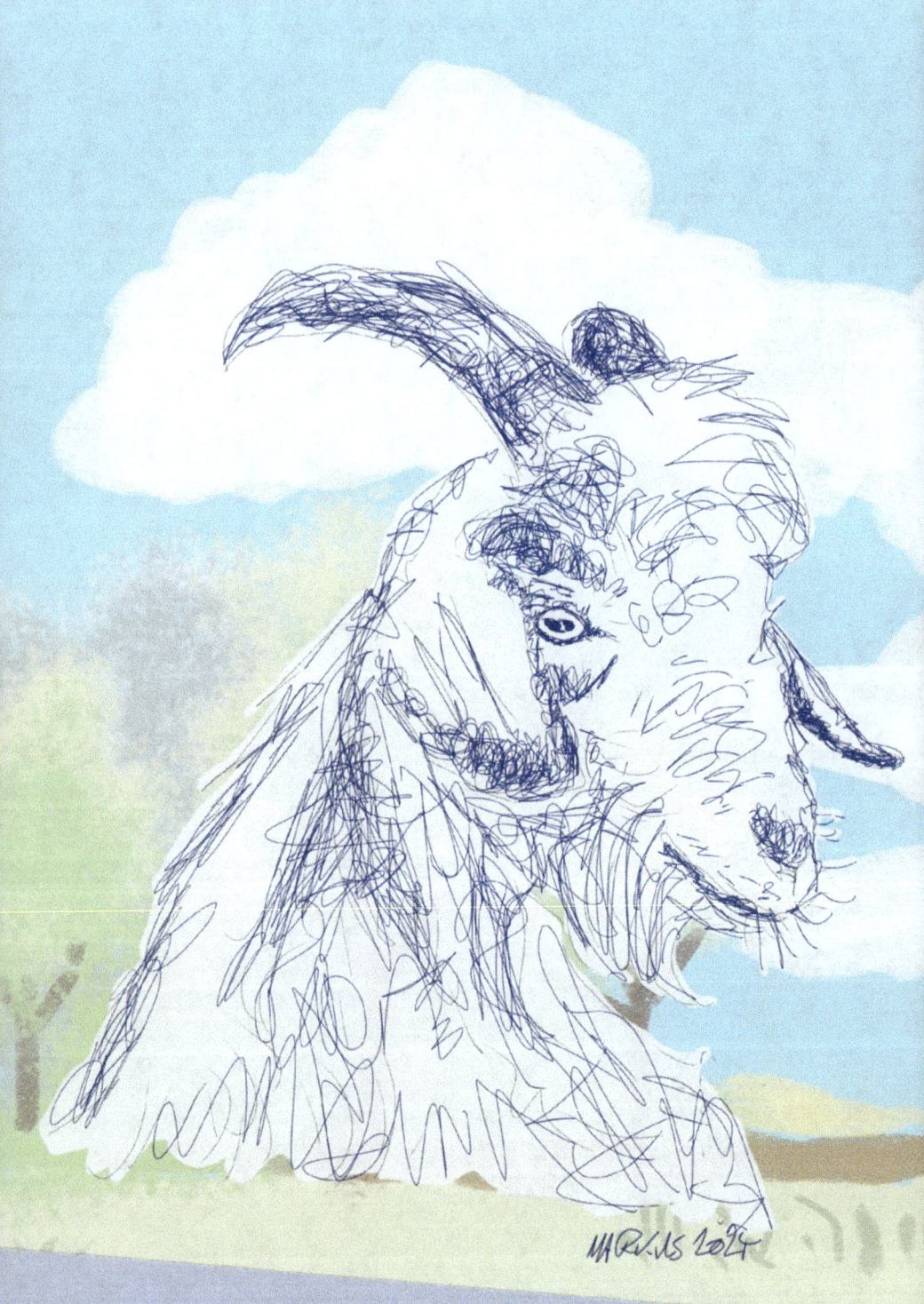

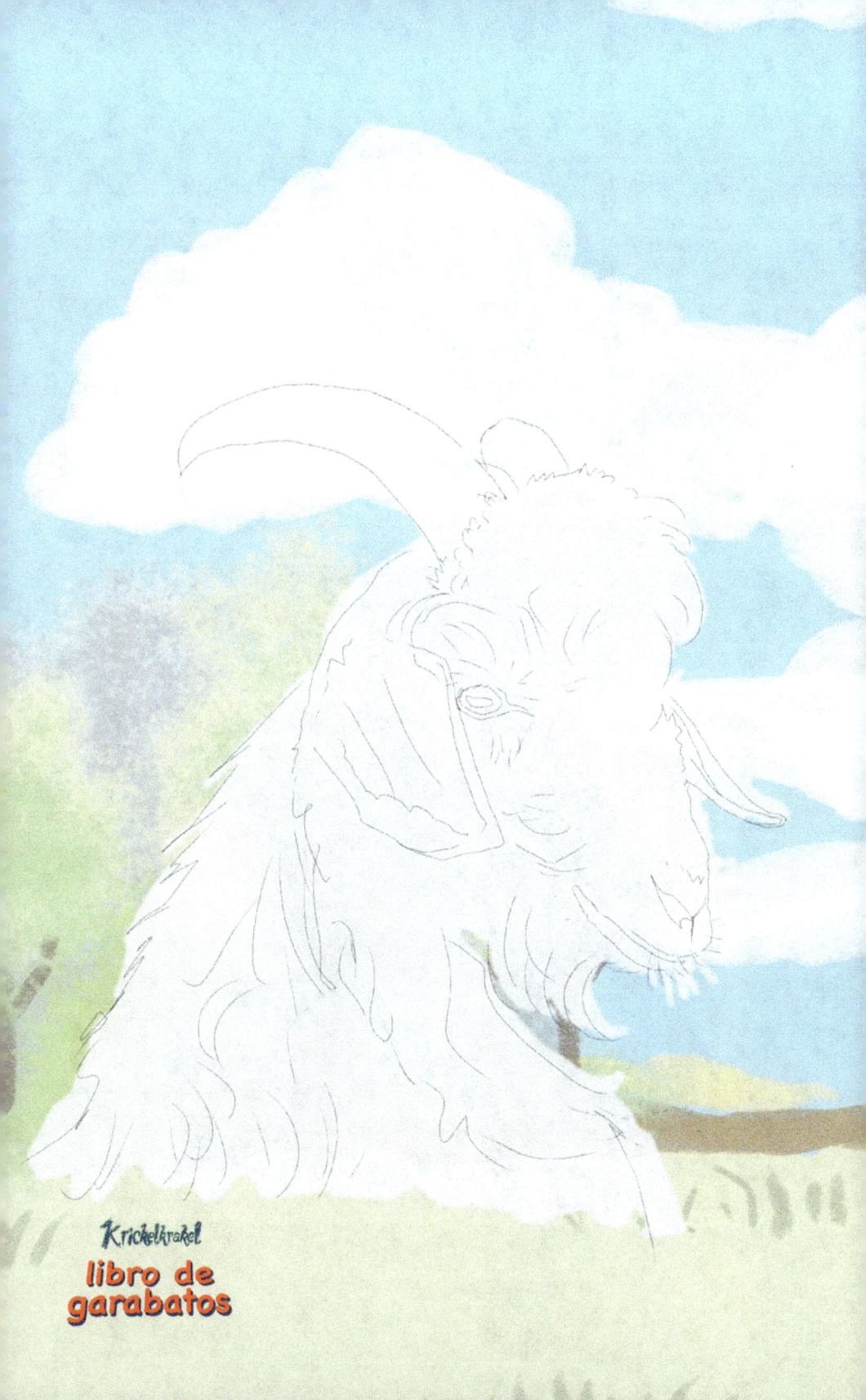

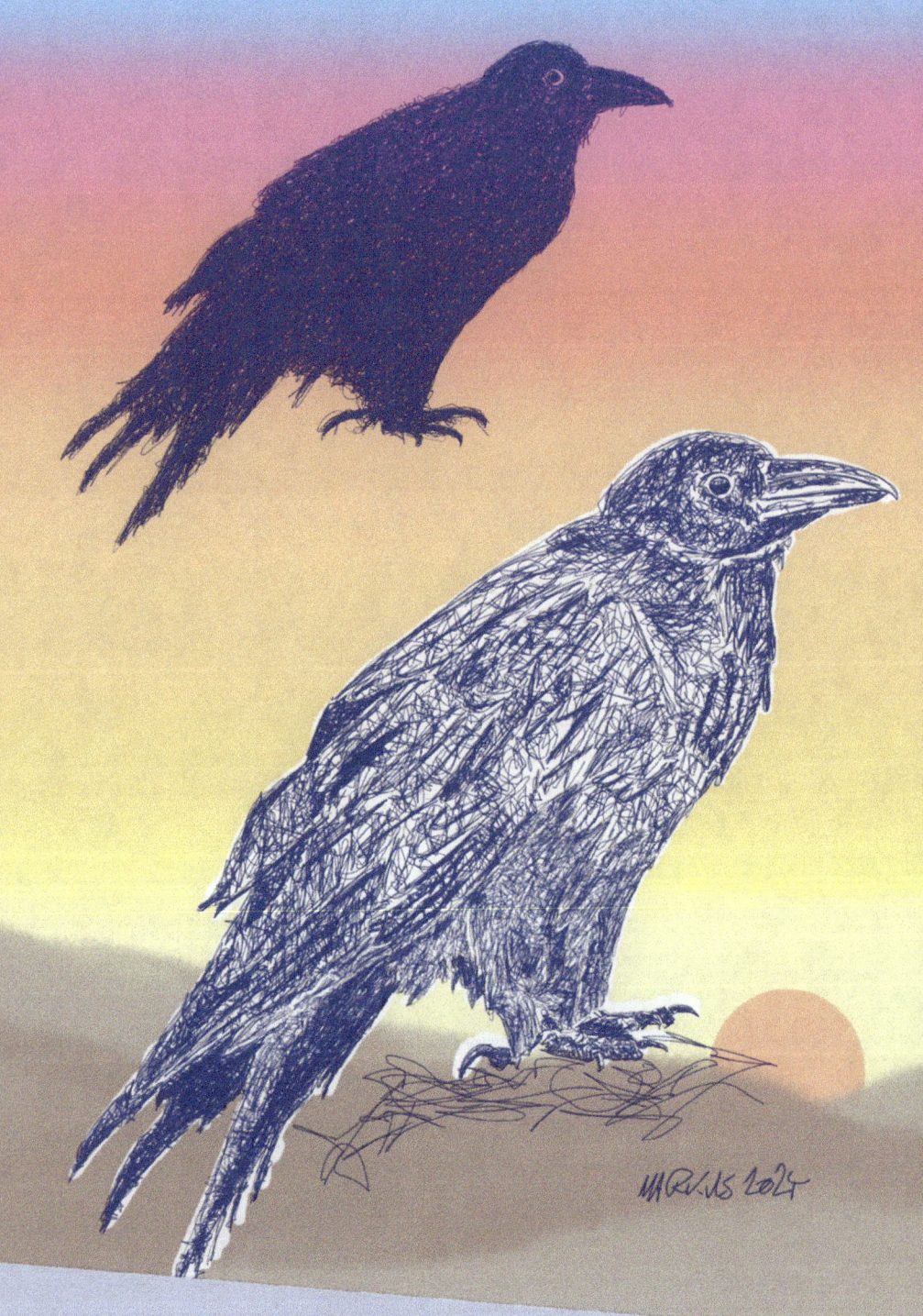

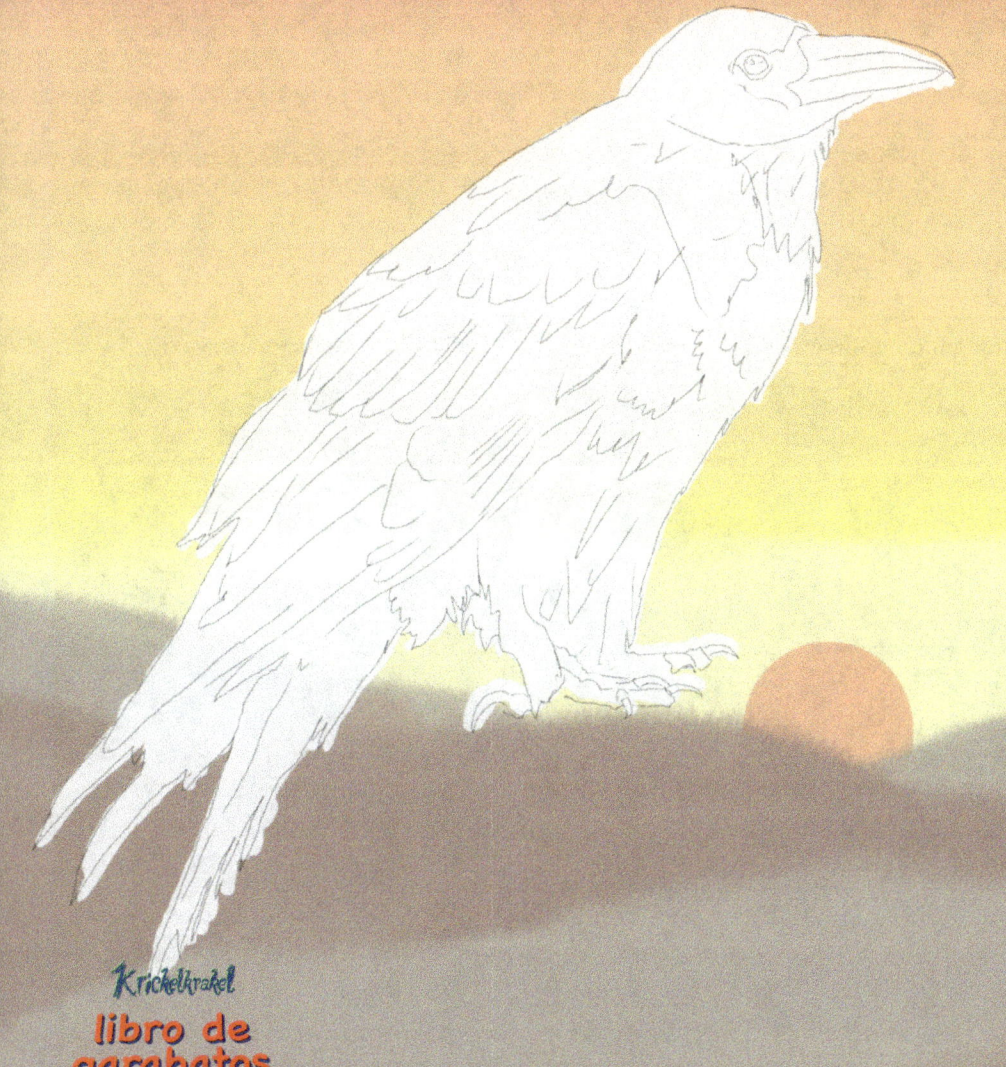

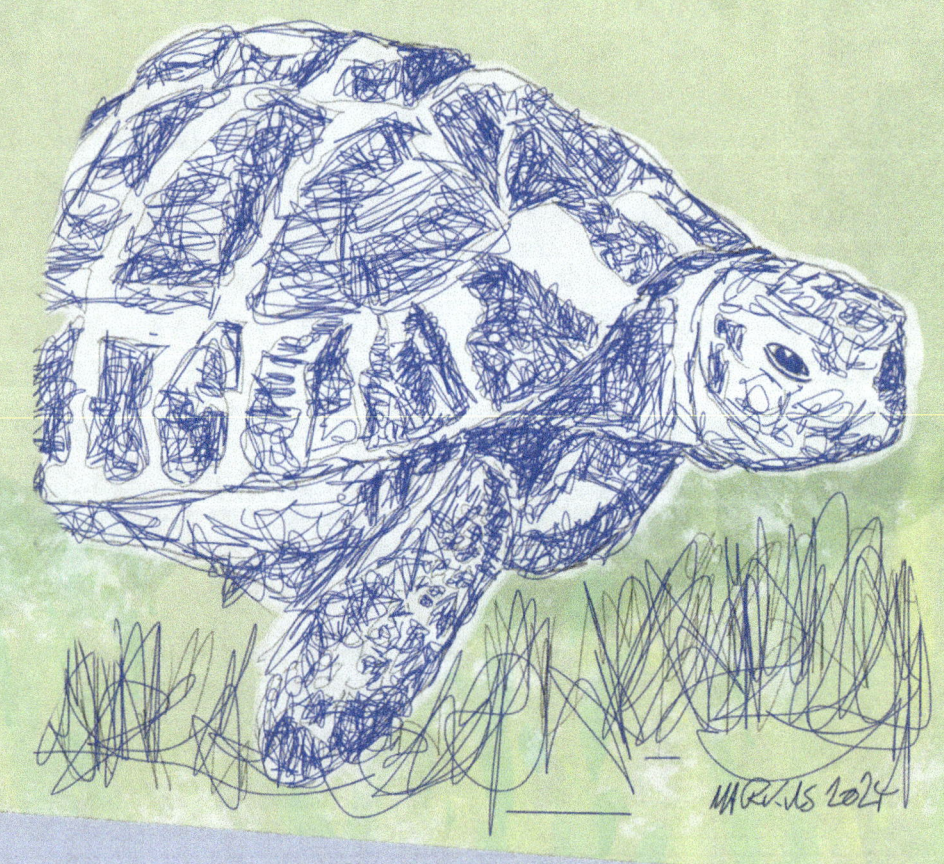

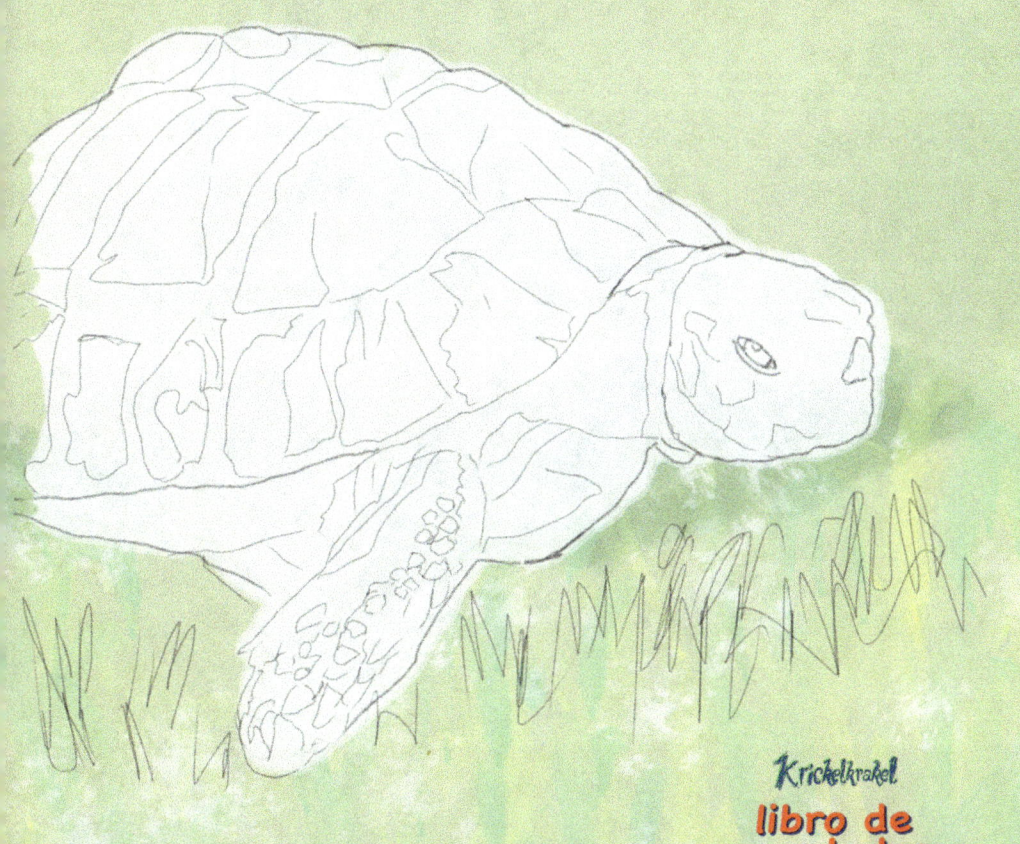

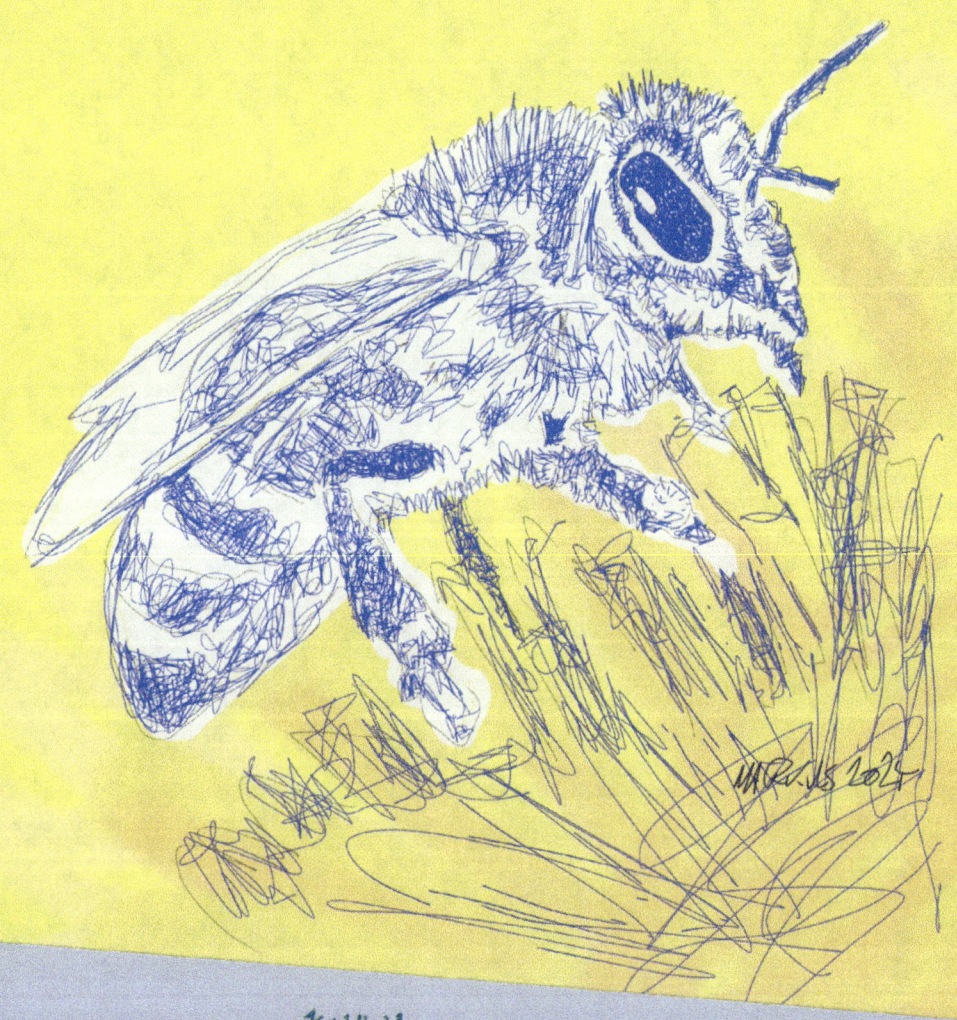

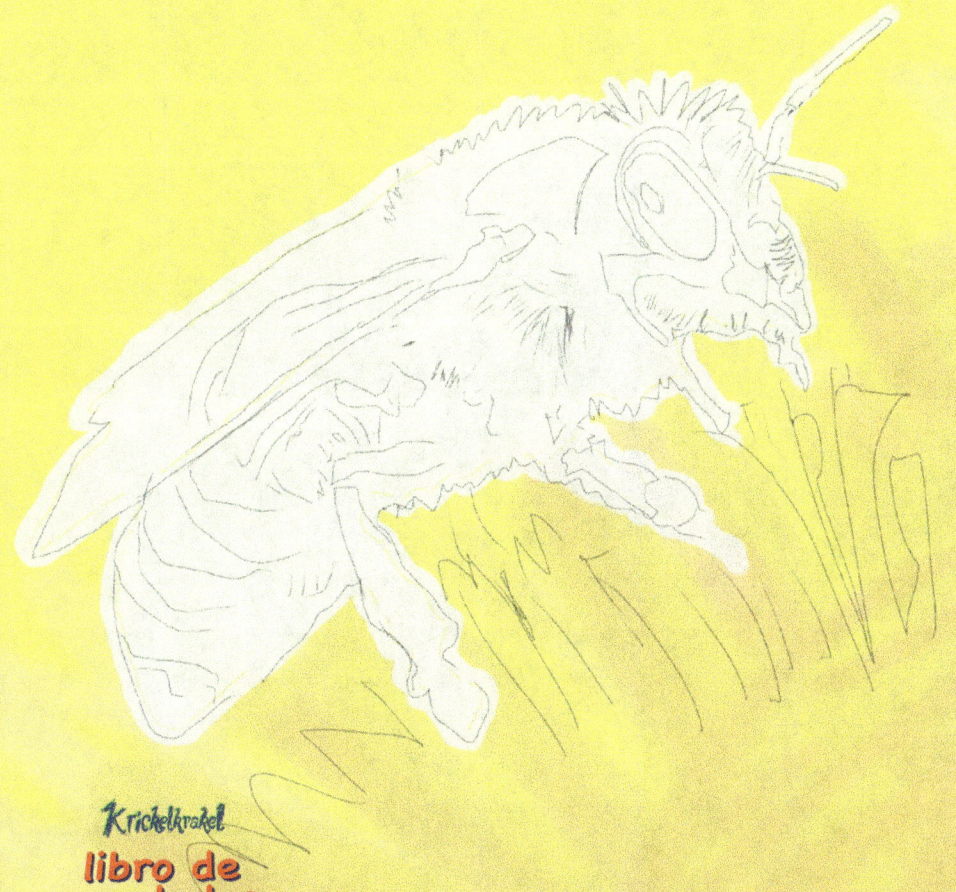

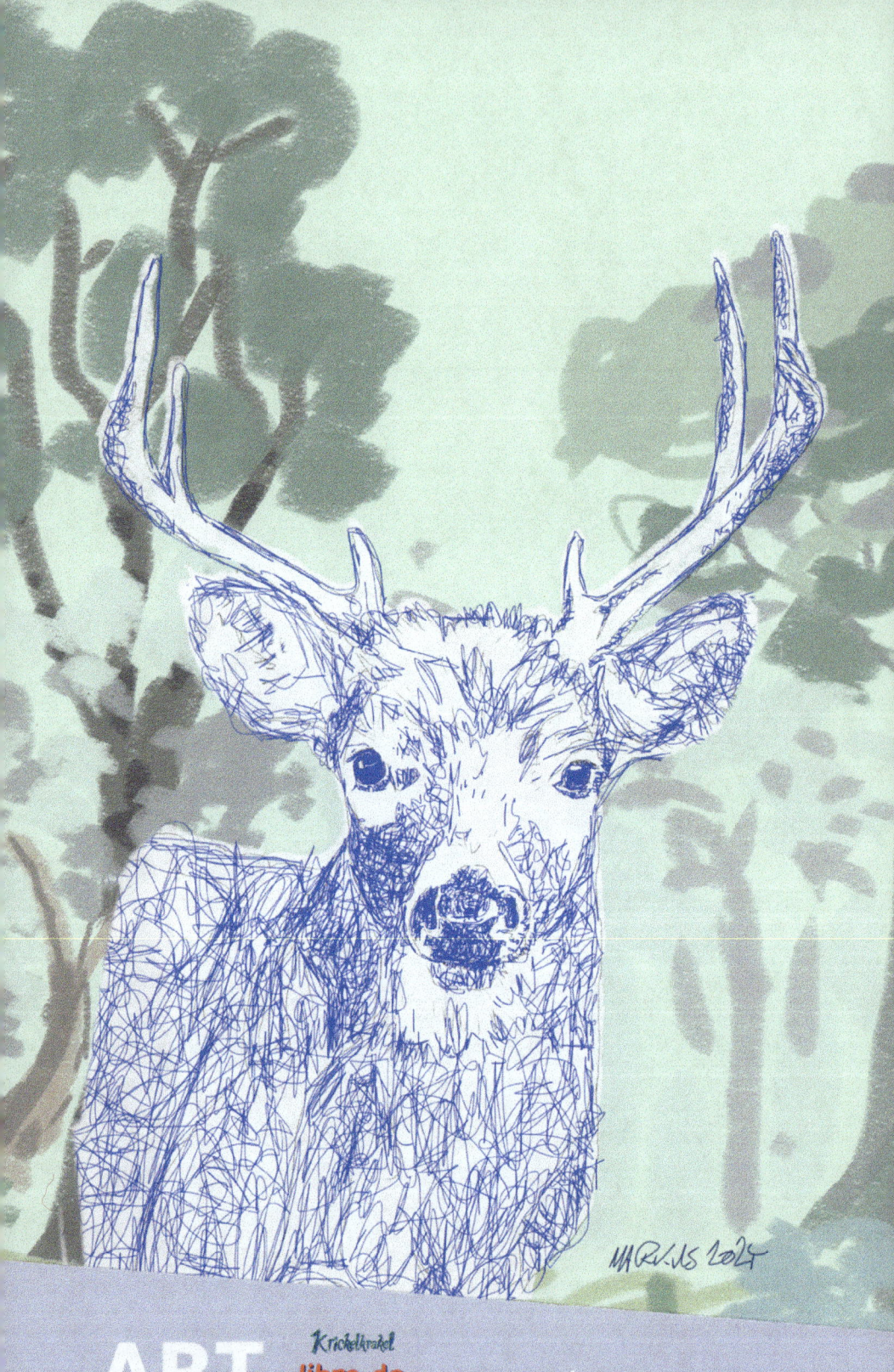

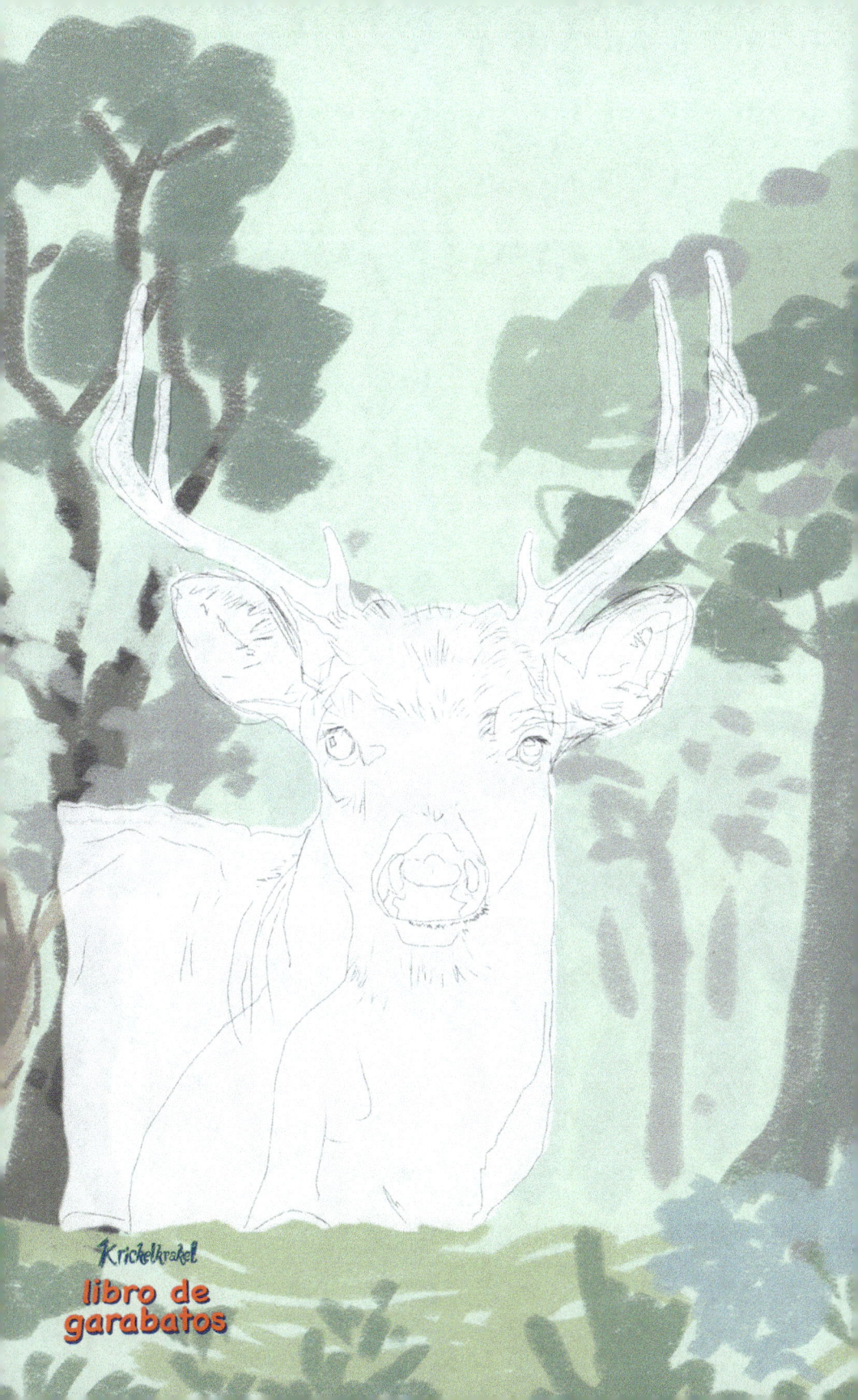

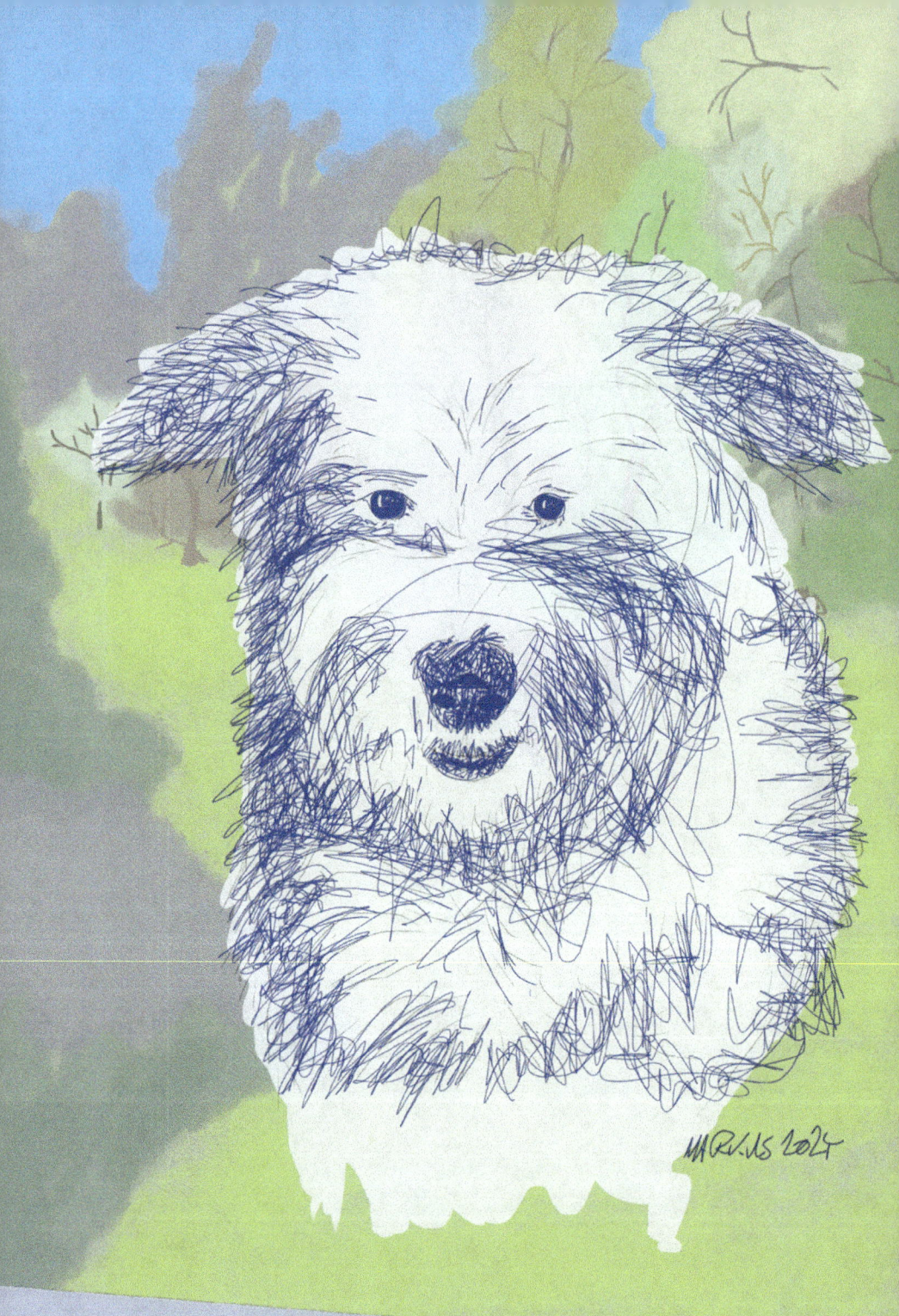

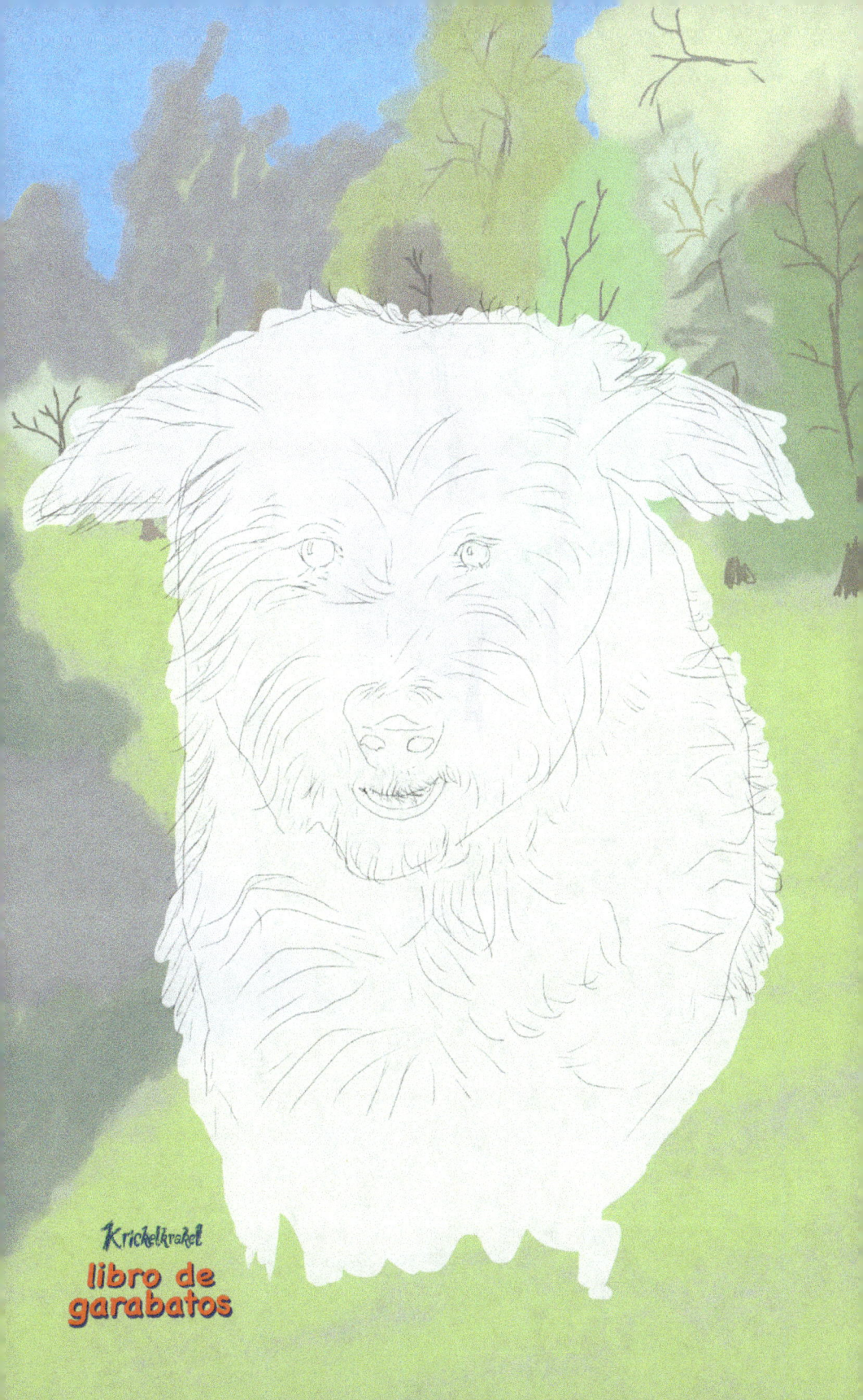

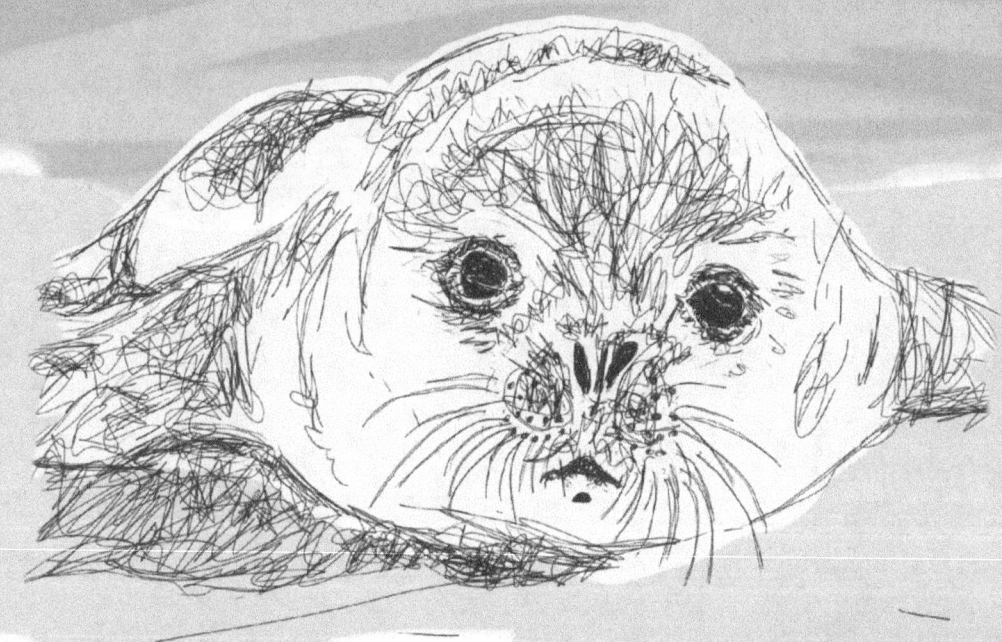

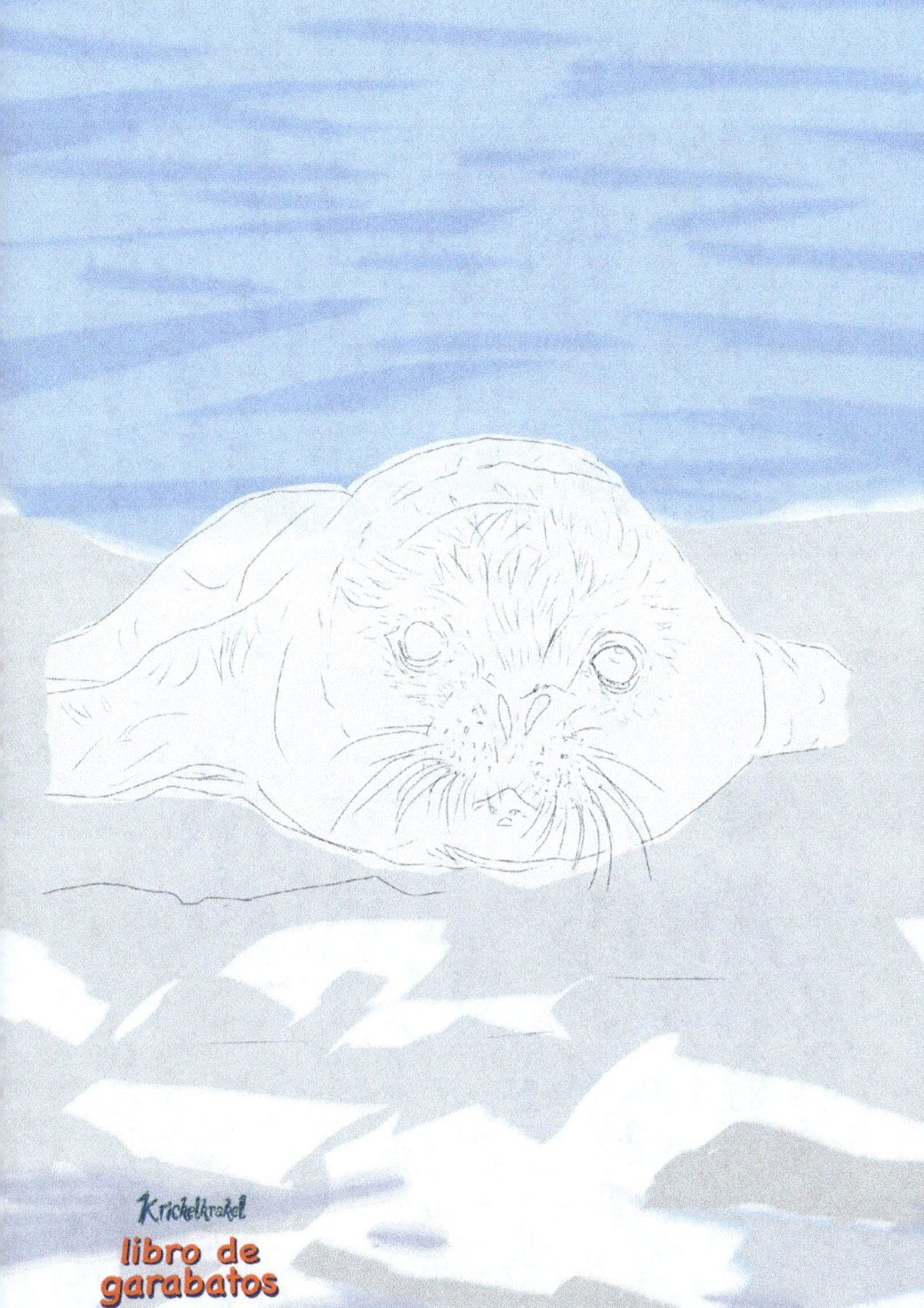

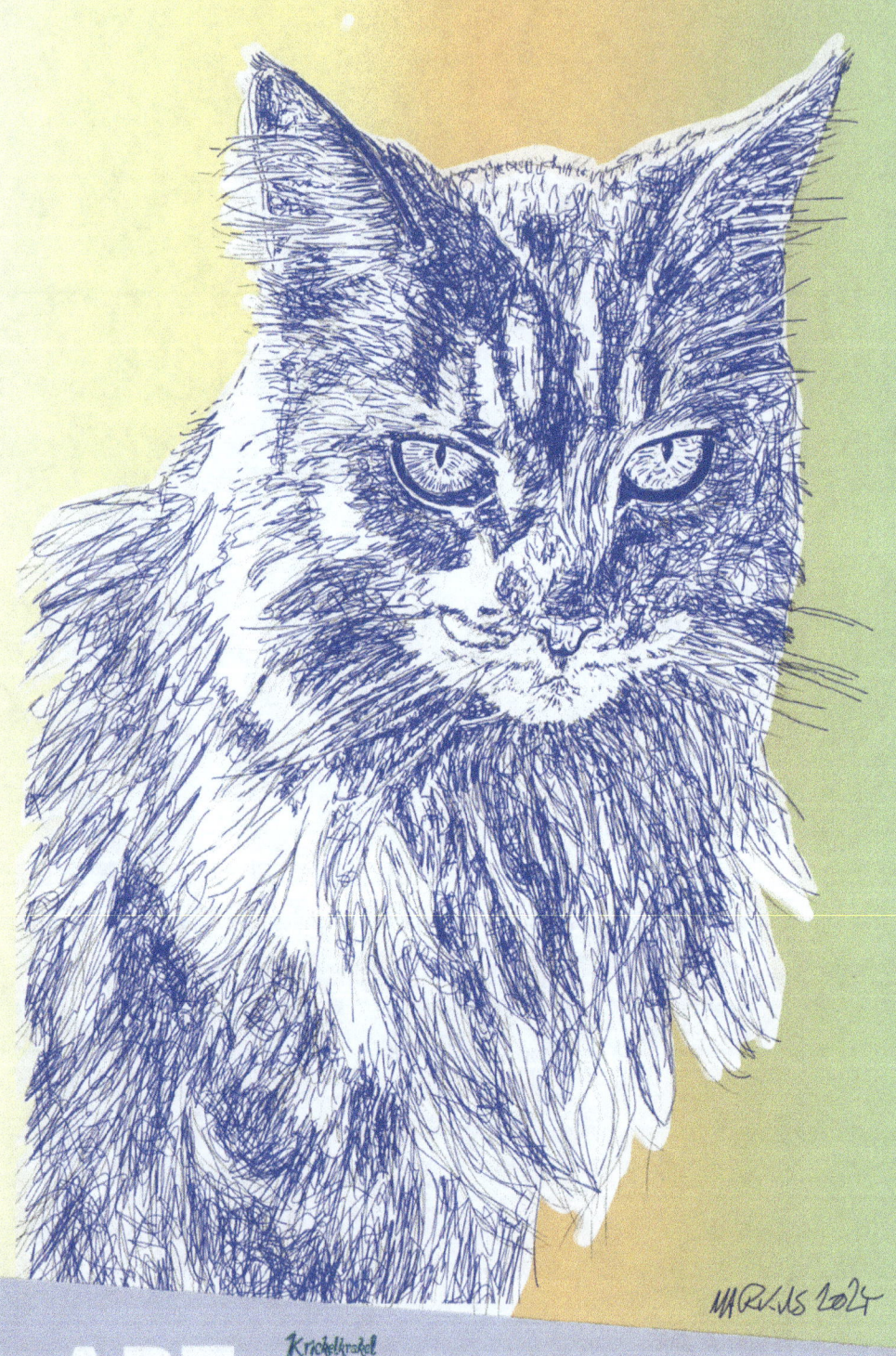

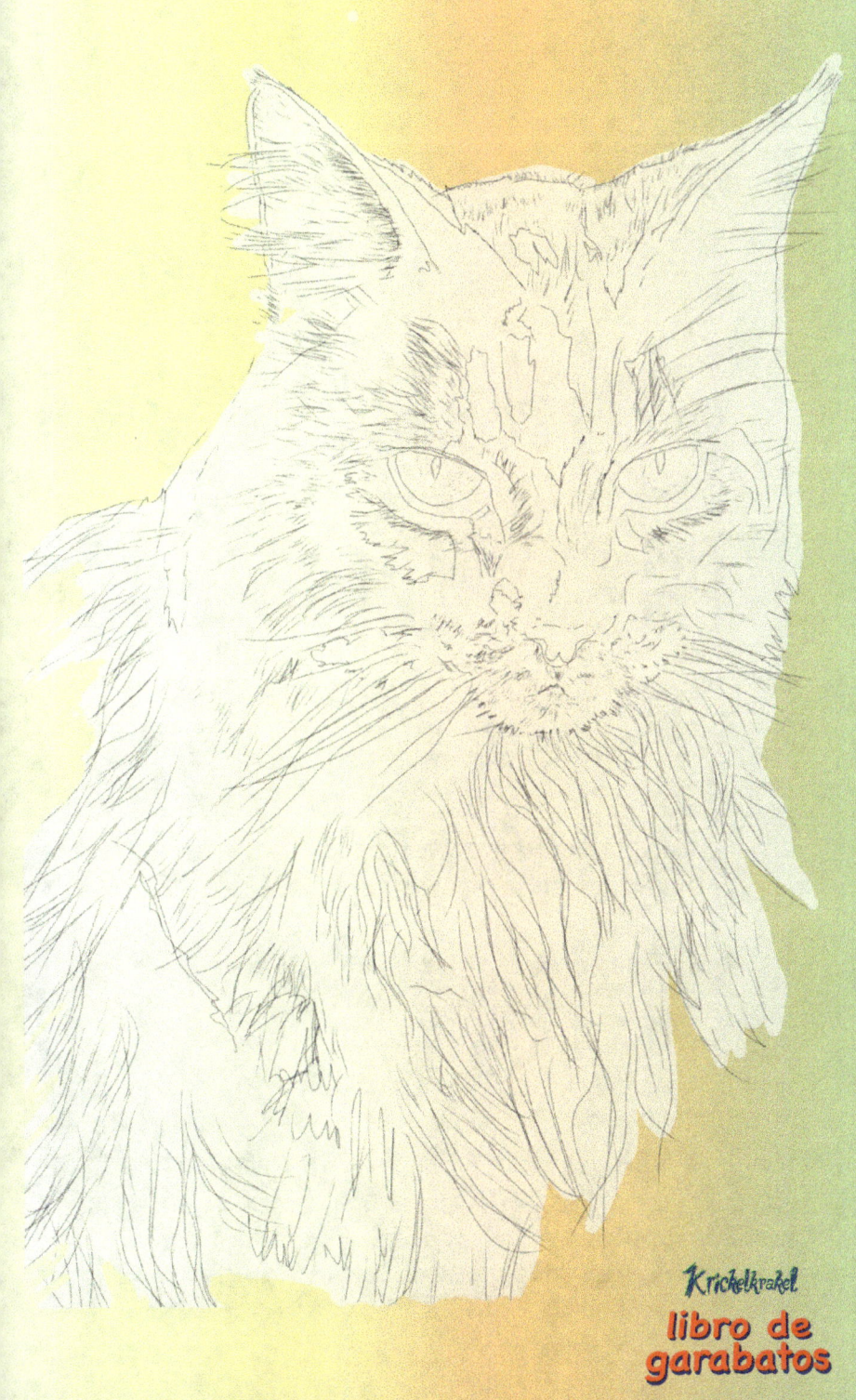

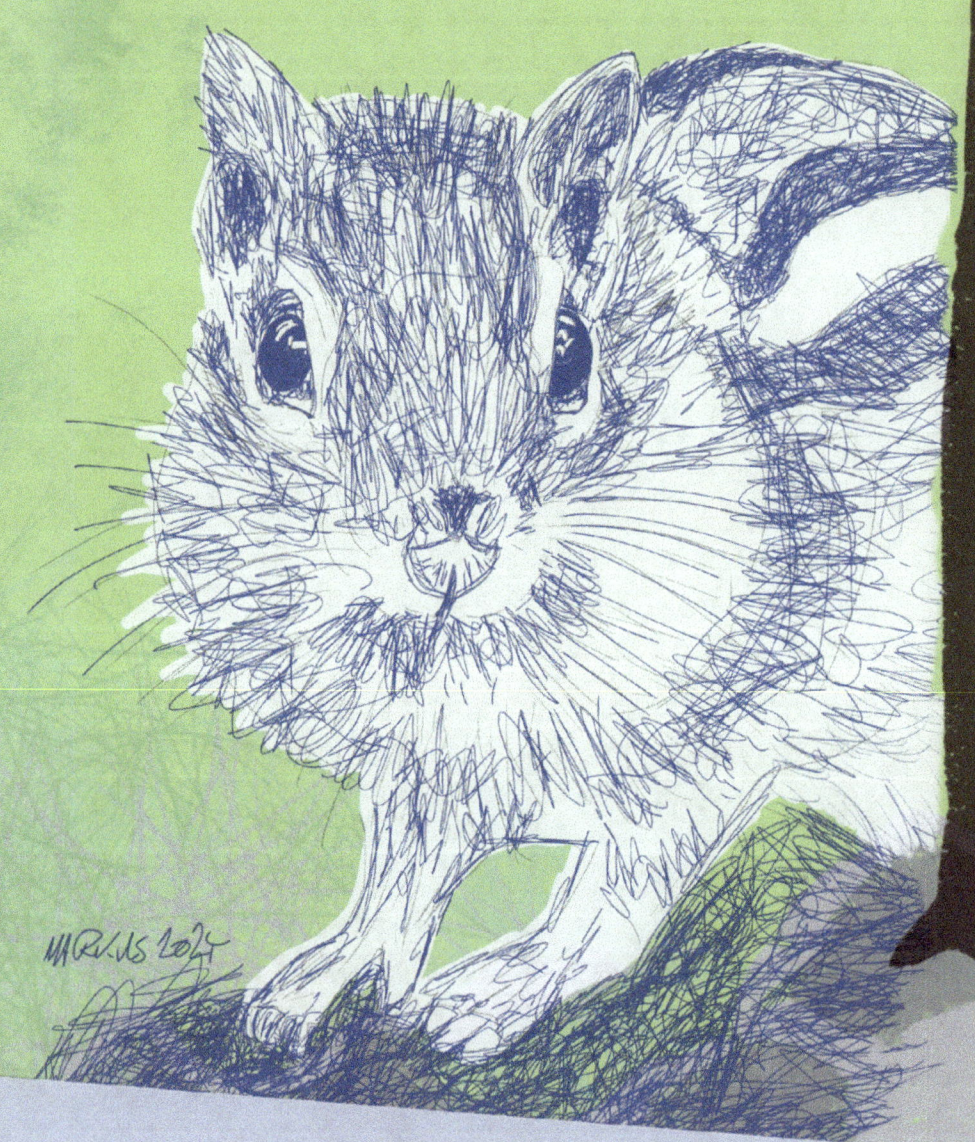

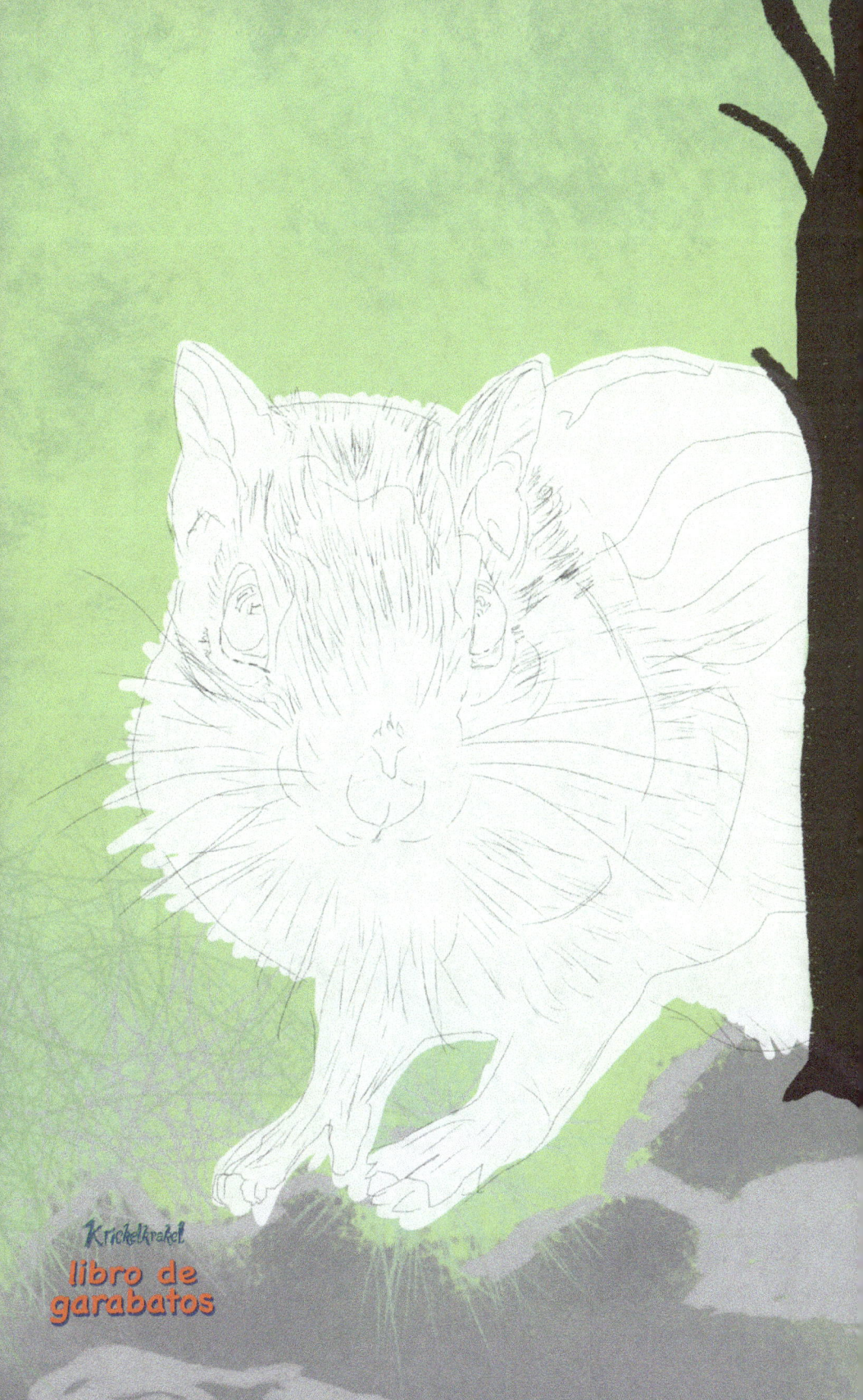

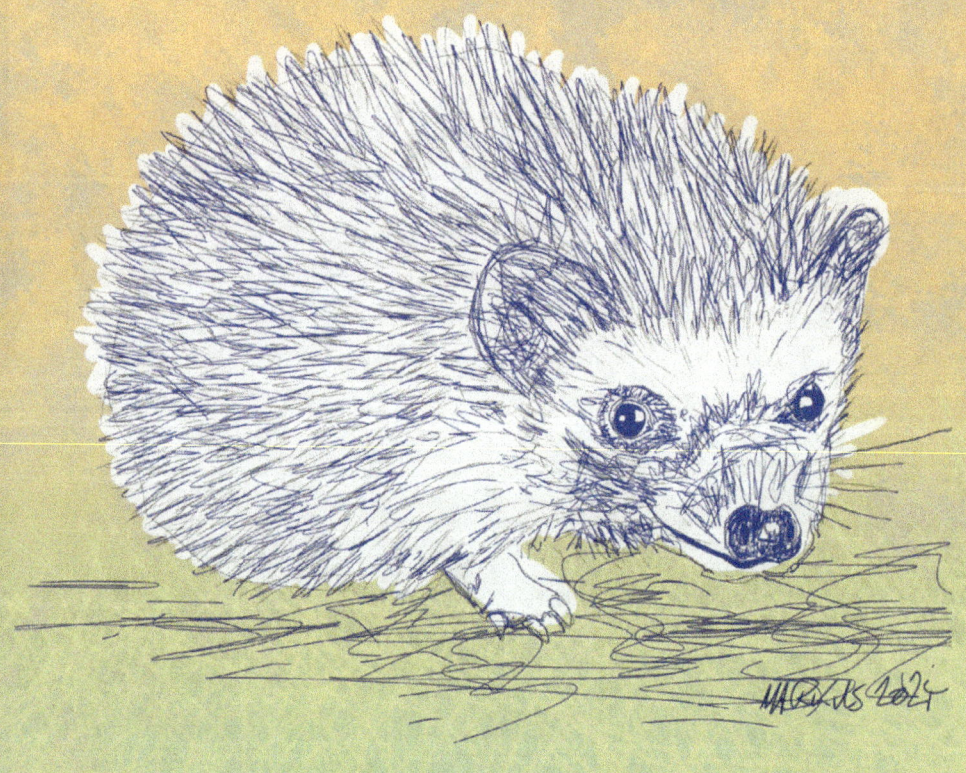

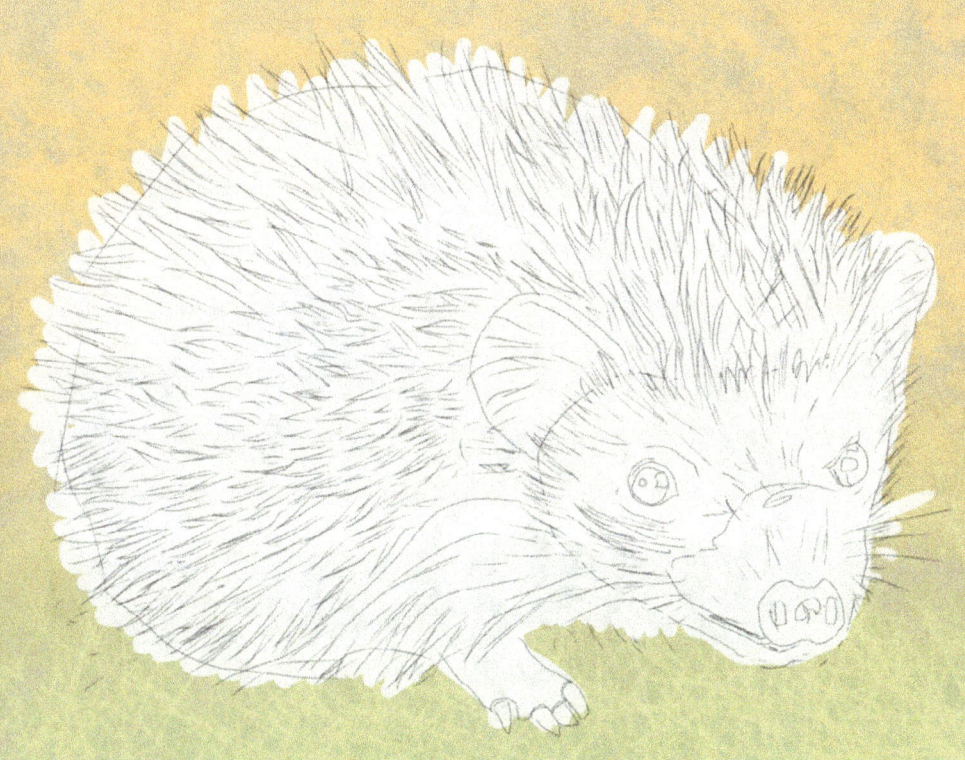

Krickelkrakel
libro de garabatos

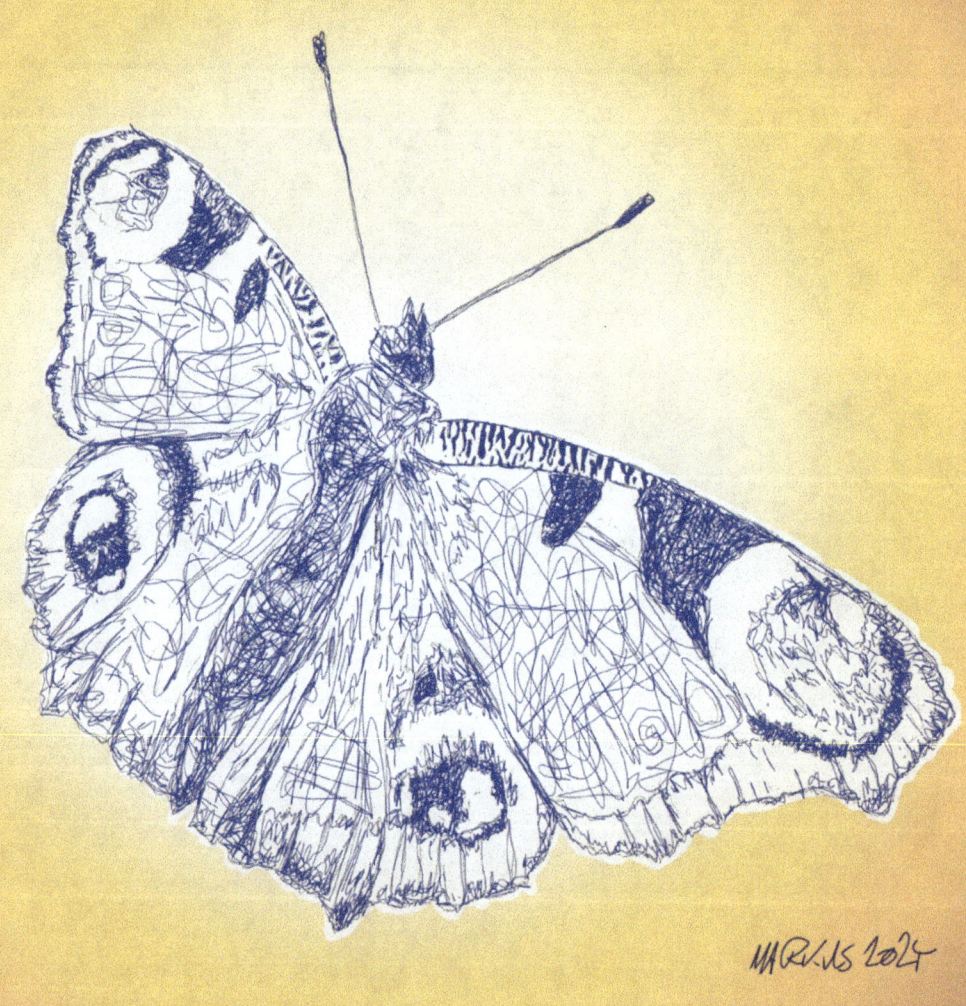

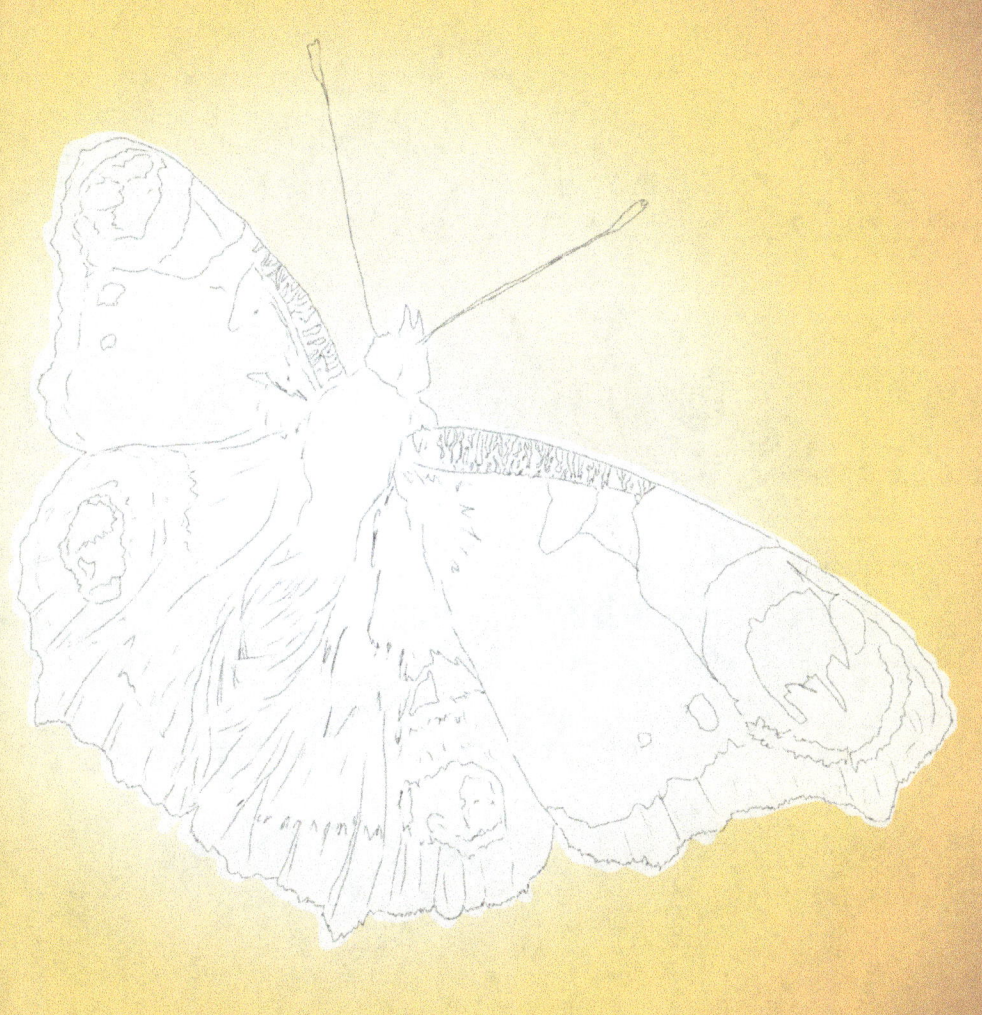

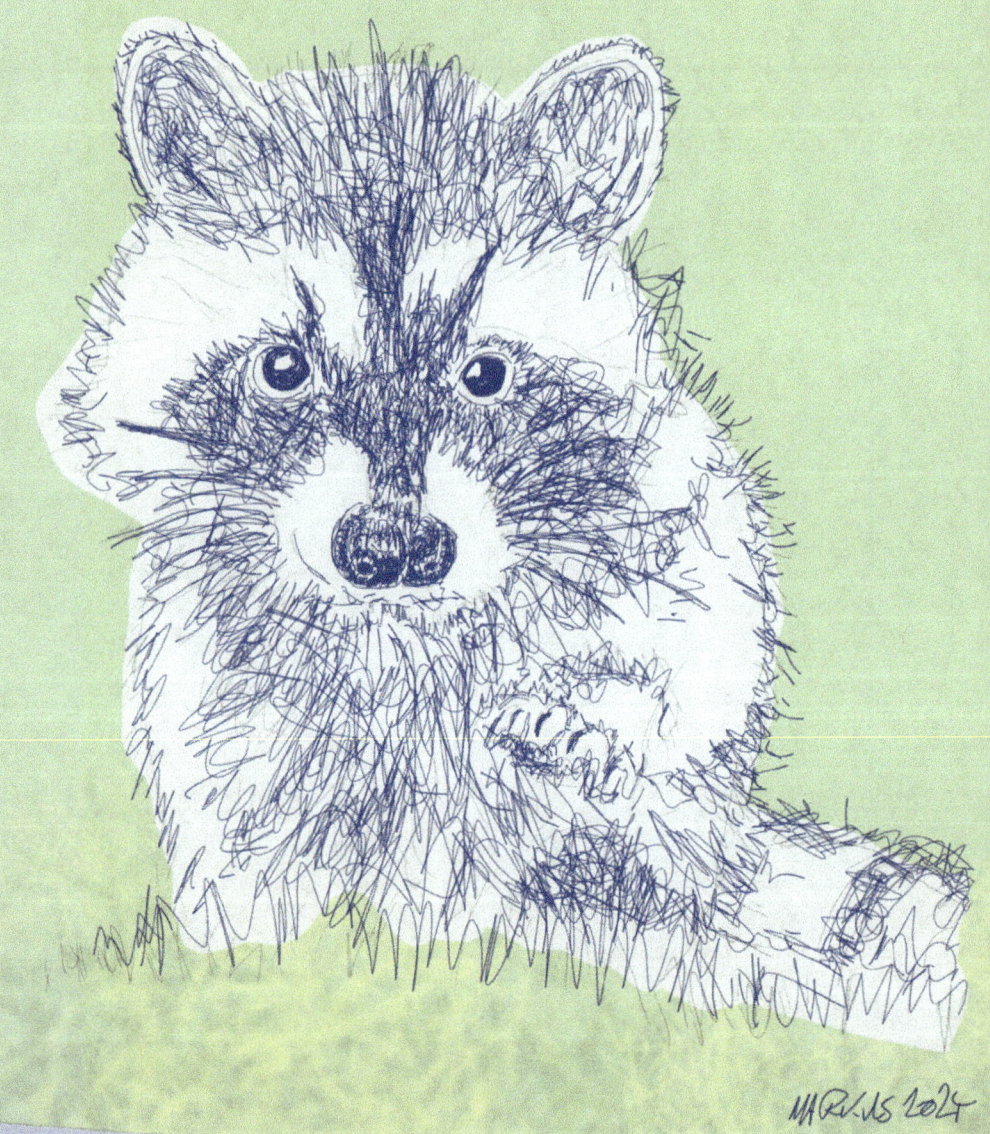

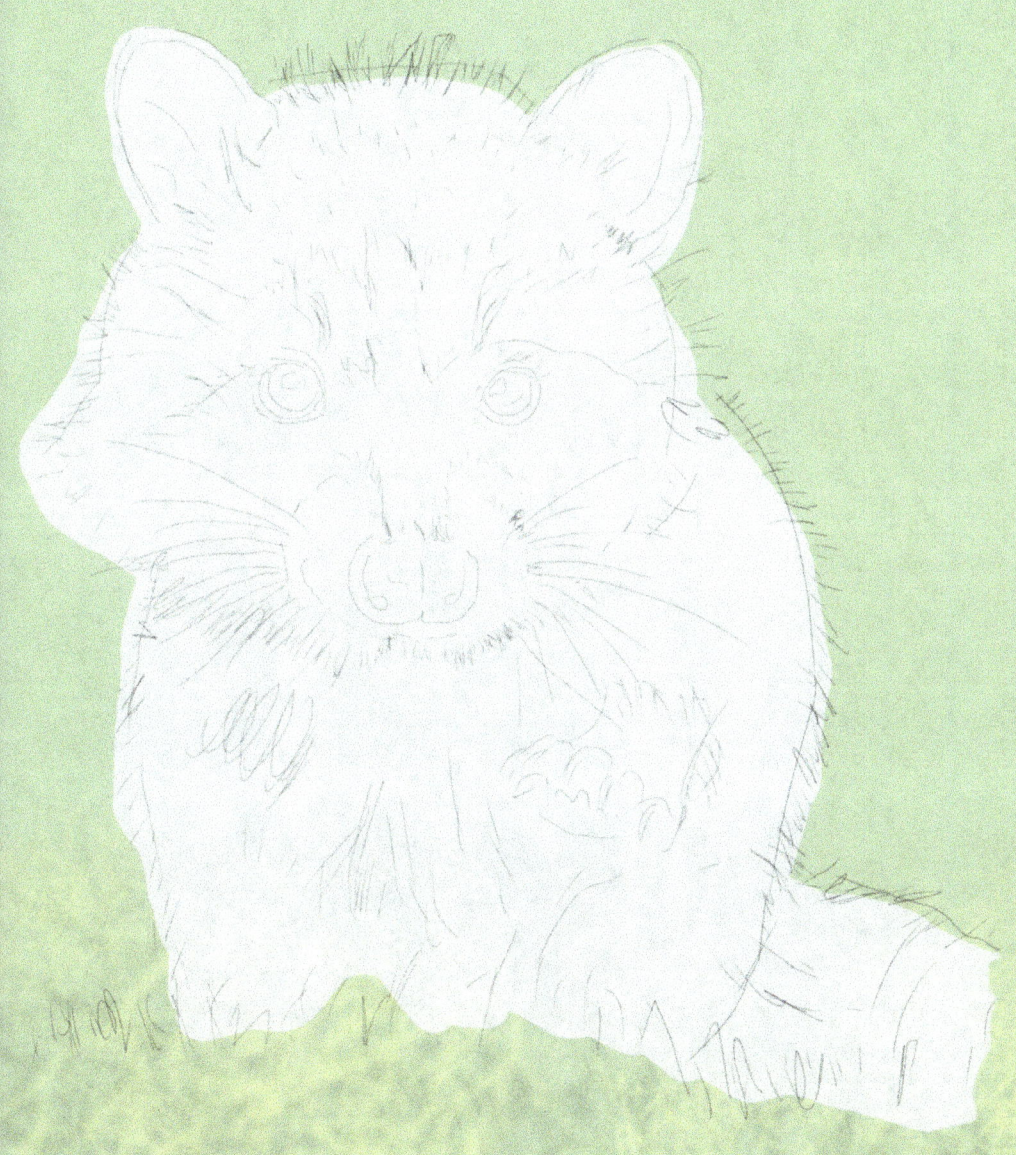

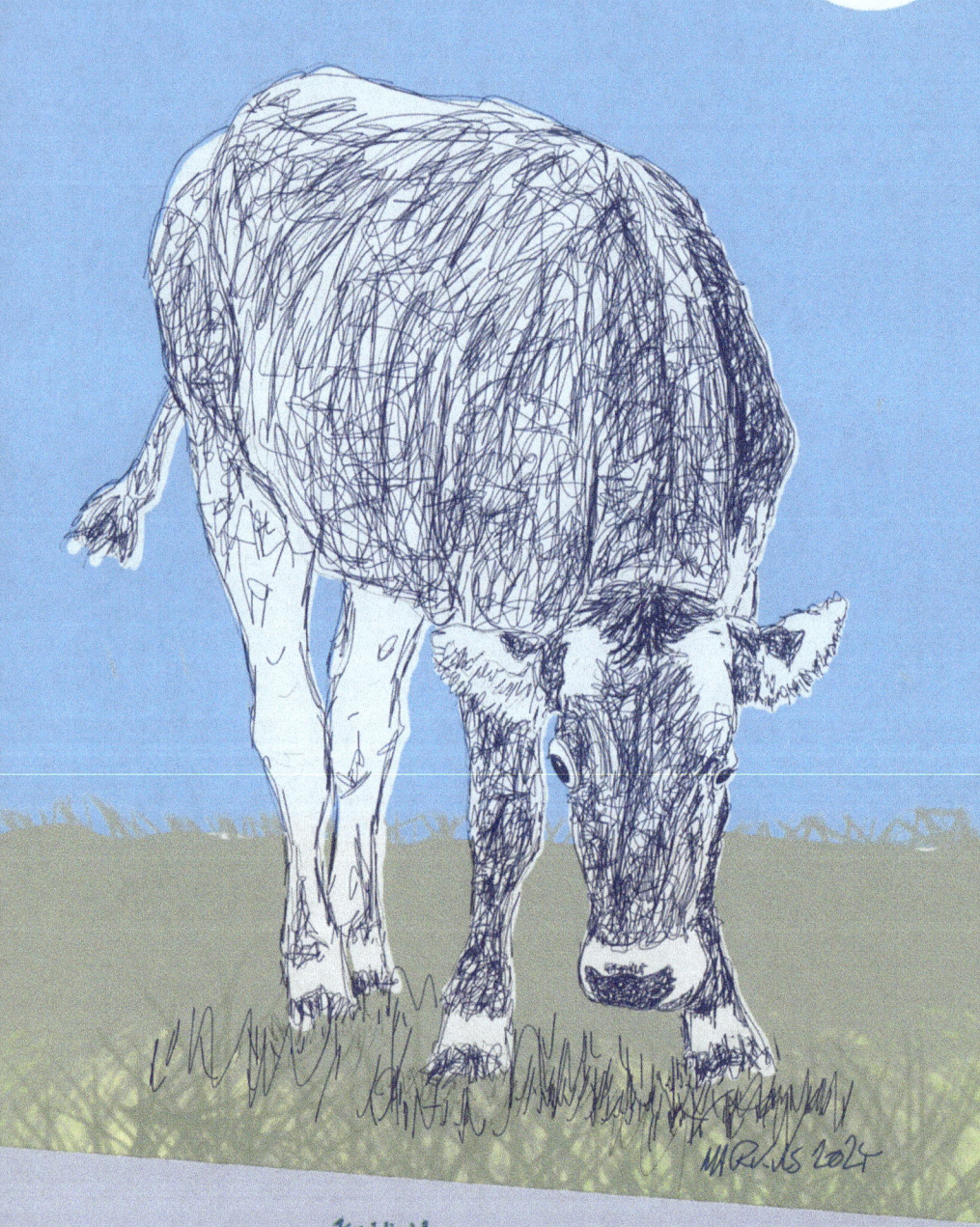

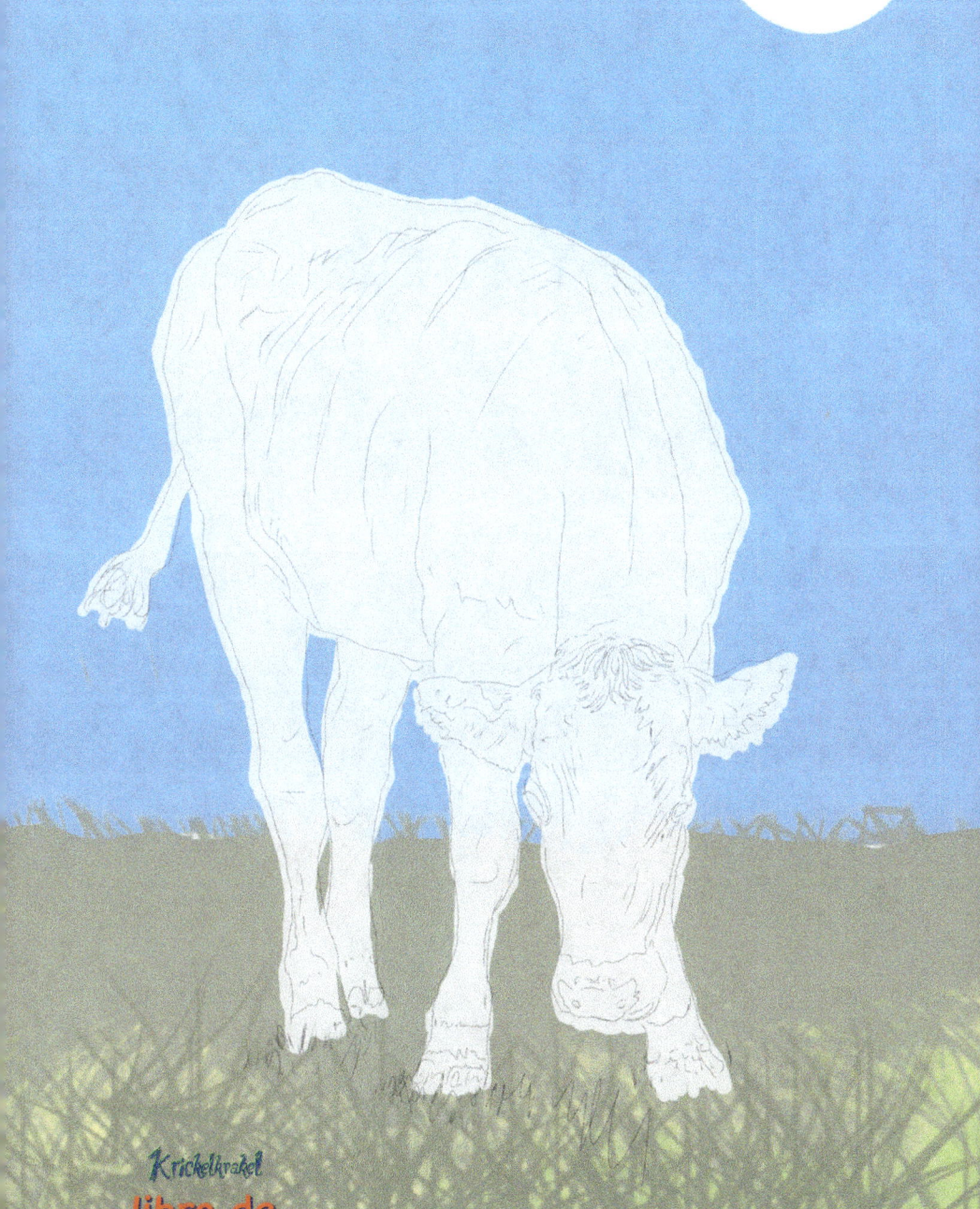

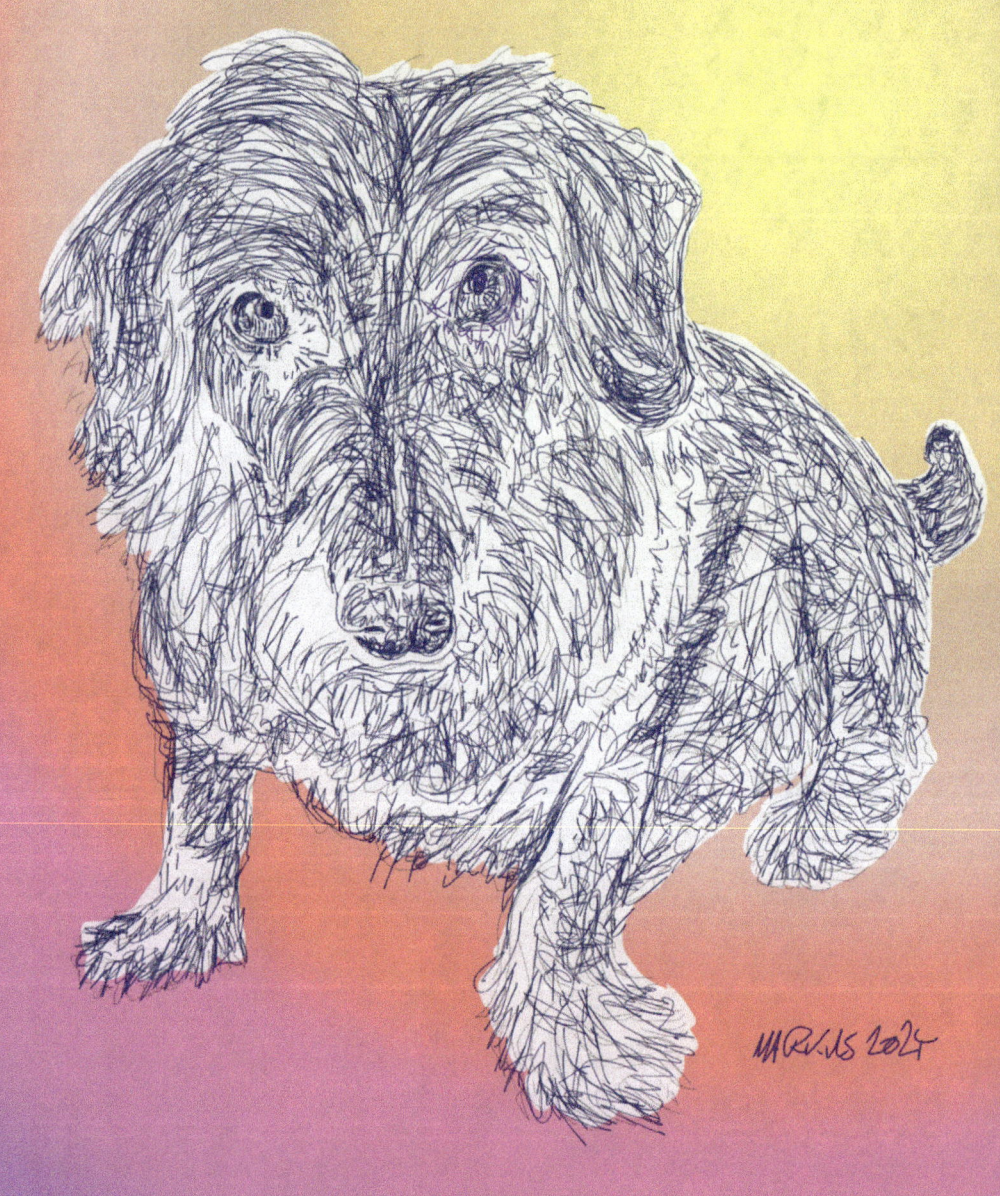

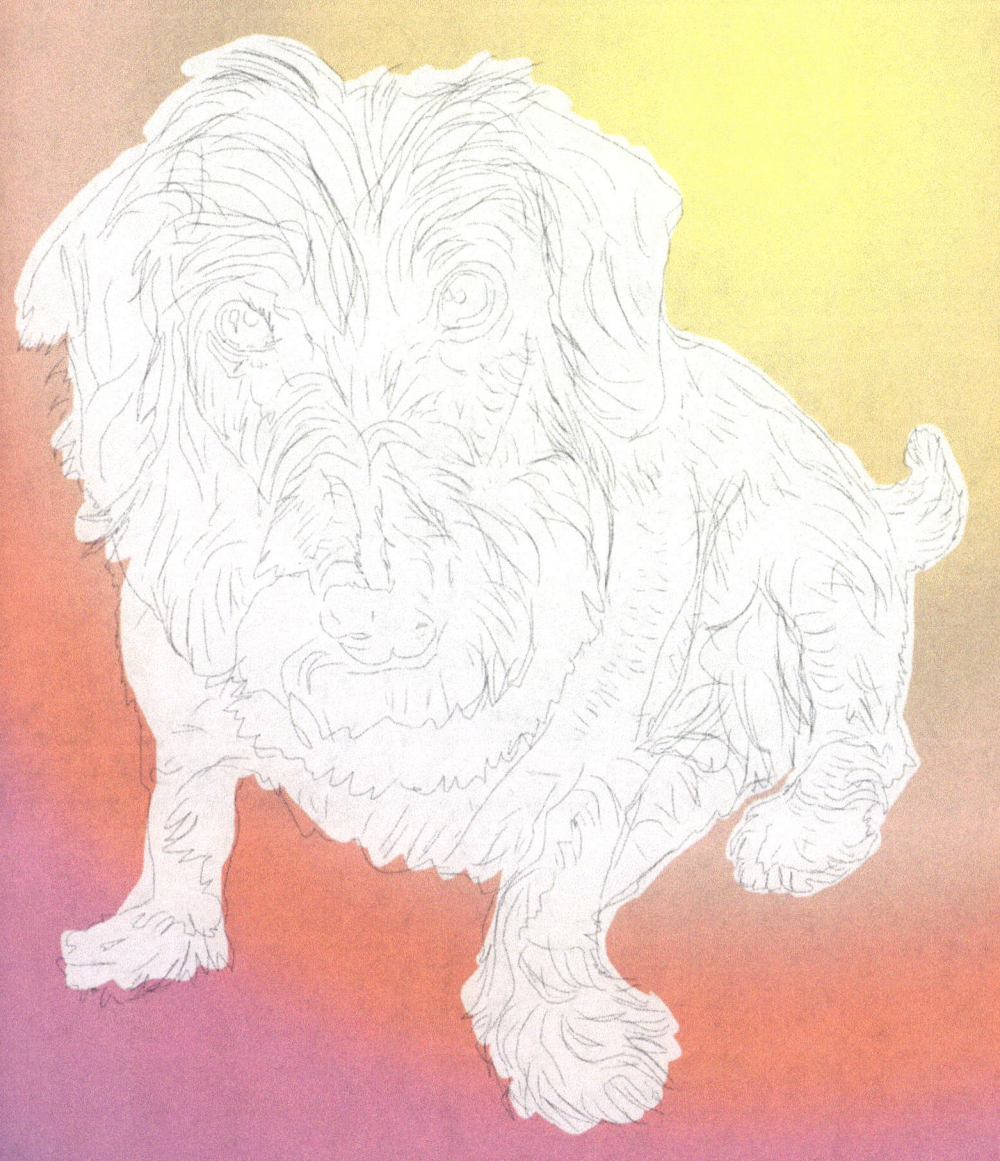

Krickelkrakel
libro de garabatos

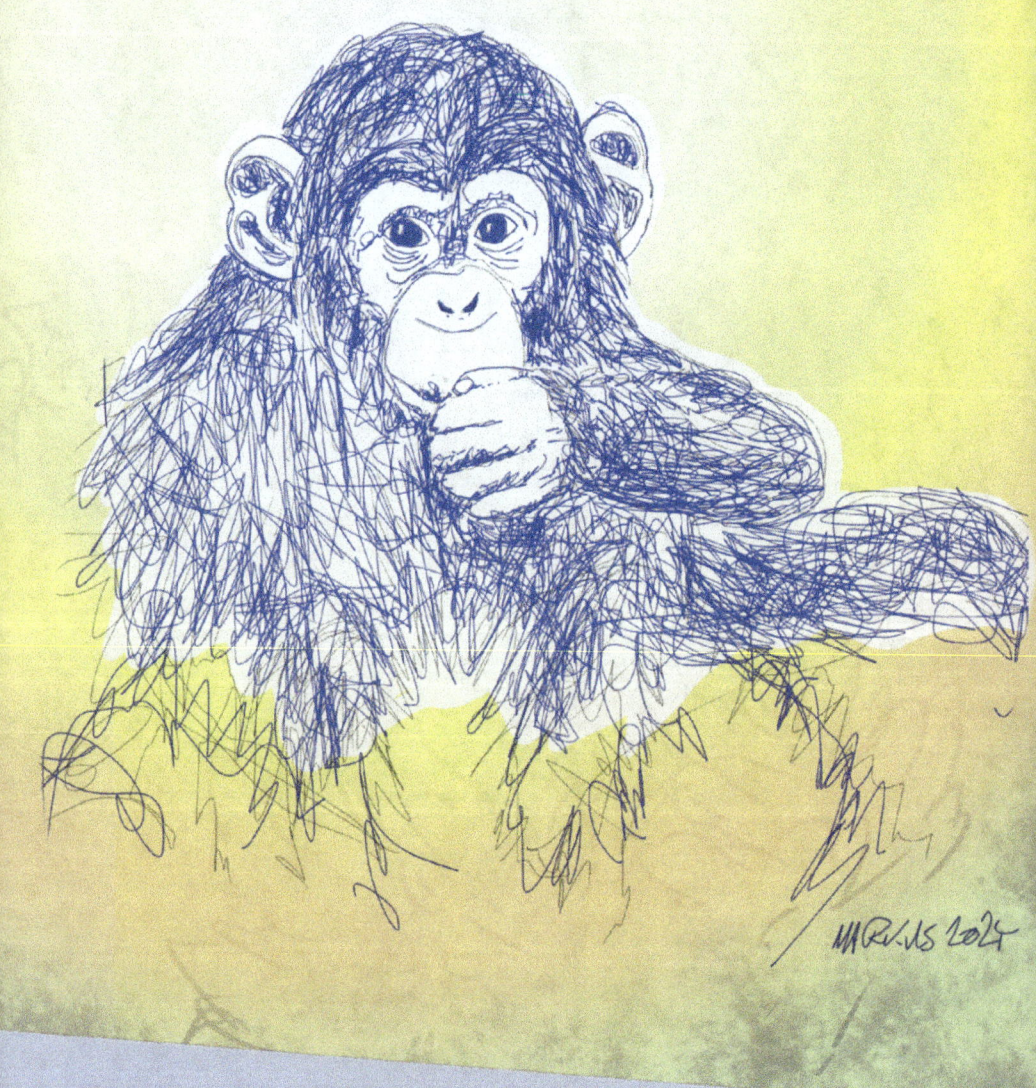

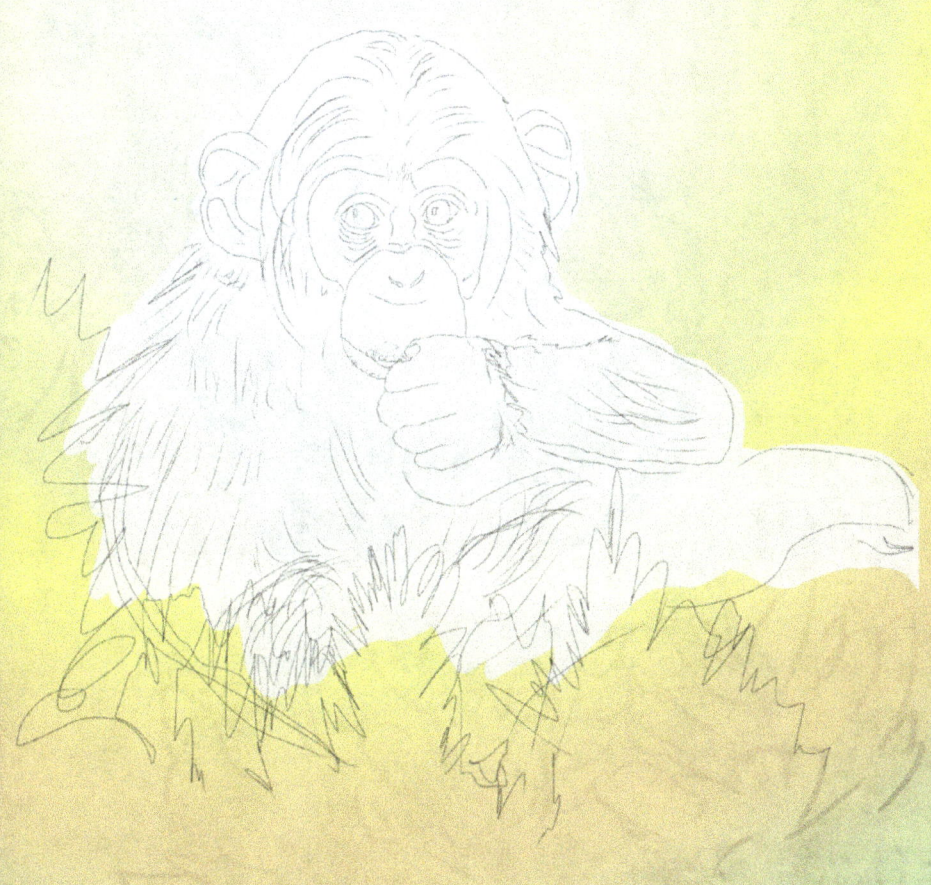

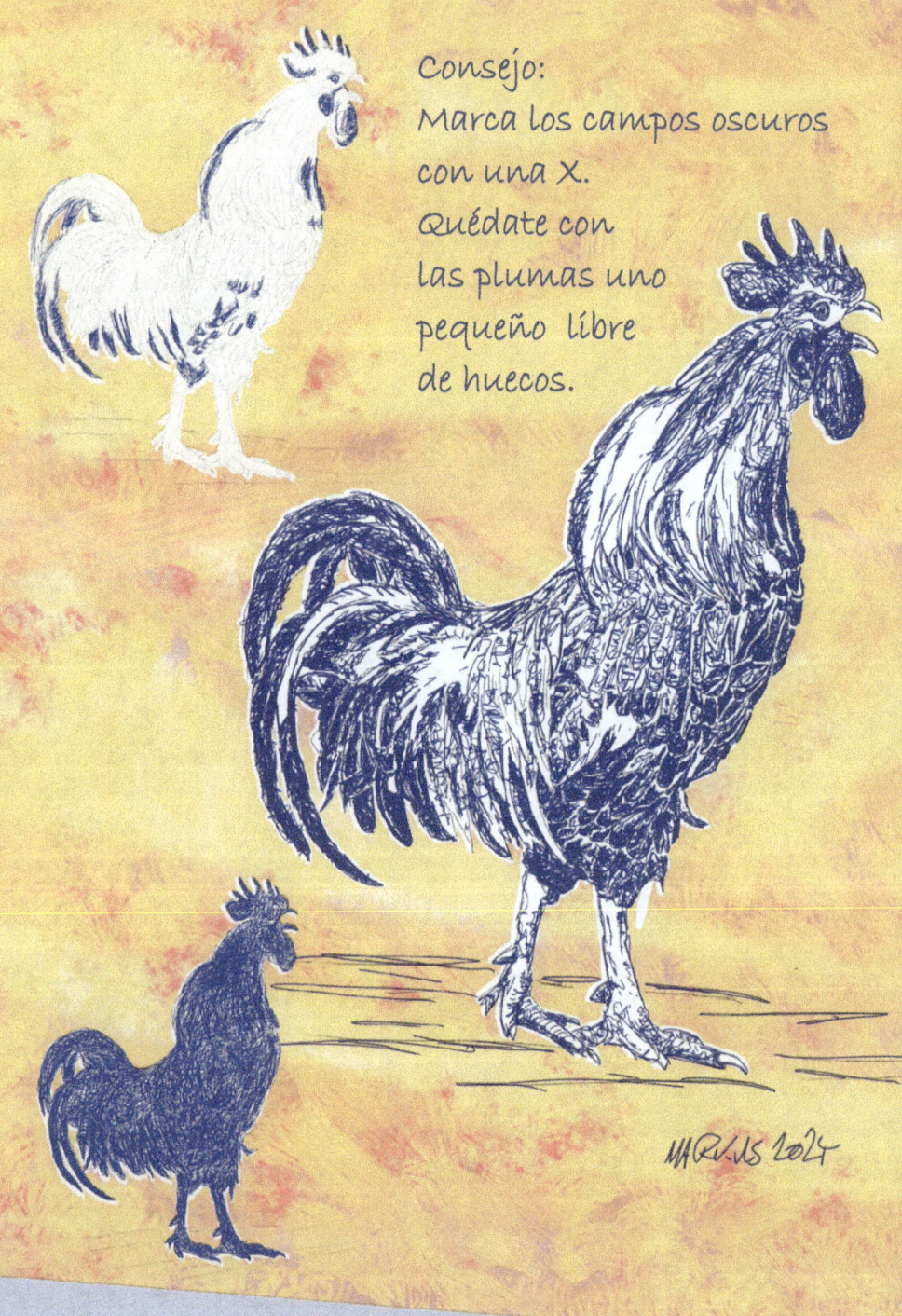

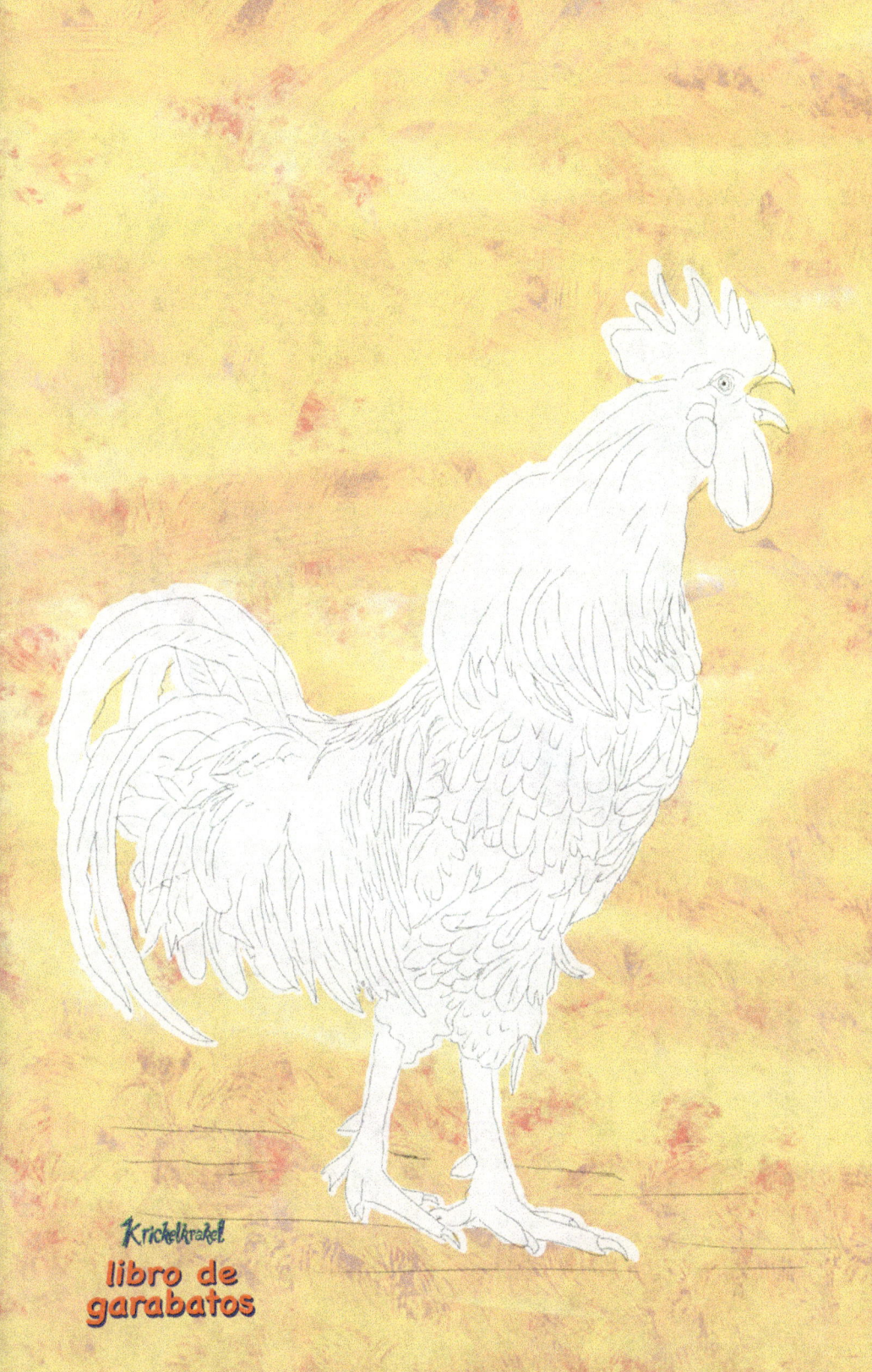

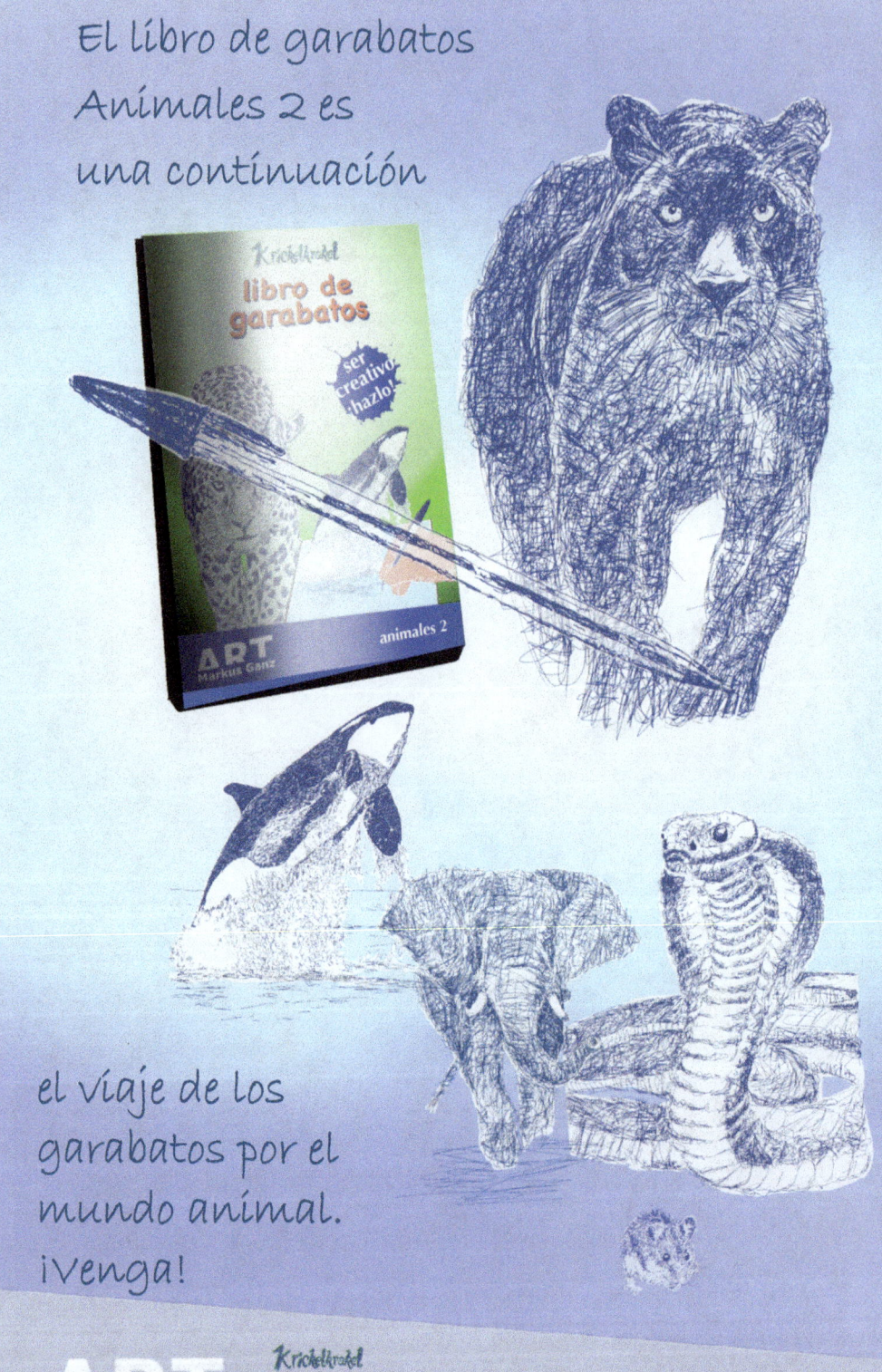

El libro de garabatos Animales 2 es una continuación

el viaje de los garabatos por el mundo animal. ¡Venga!

Vista previa

Además de este libro hay un pequeño libro con todos los dibujos preliminares. Puedes seguir garabateando si quieres pintar los animales gan...

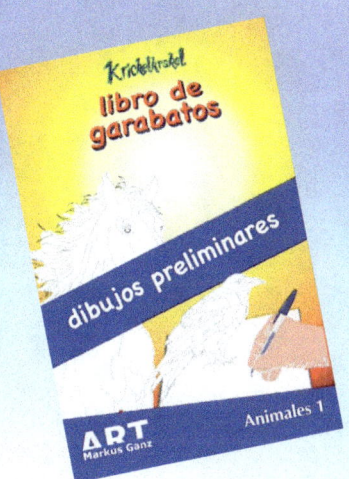

También puedes ponerte en contacto conmigo Visita mi nueva cuenta de Instagram:

ART.markusganz

Todo sobre los libros de garabatos y Enlaces a nuevos novedades...

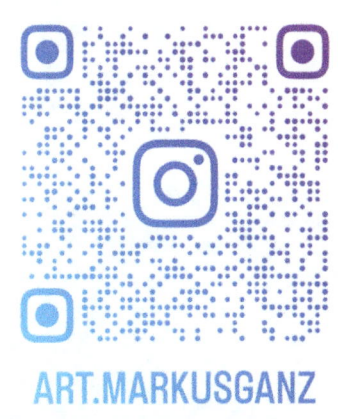

haz tu garabato

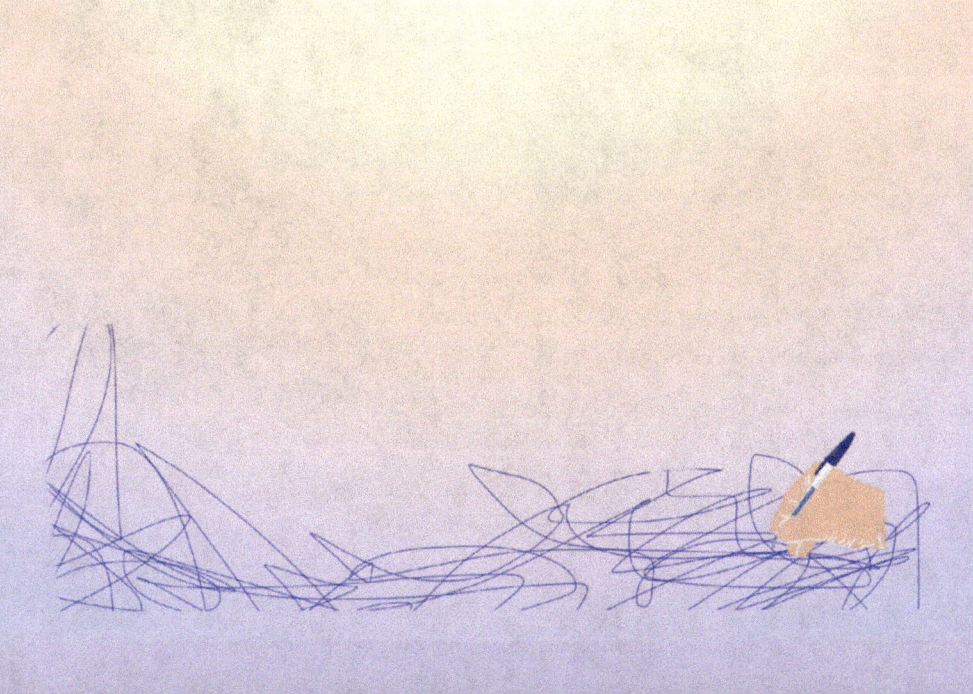

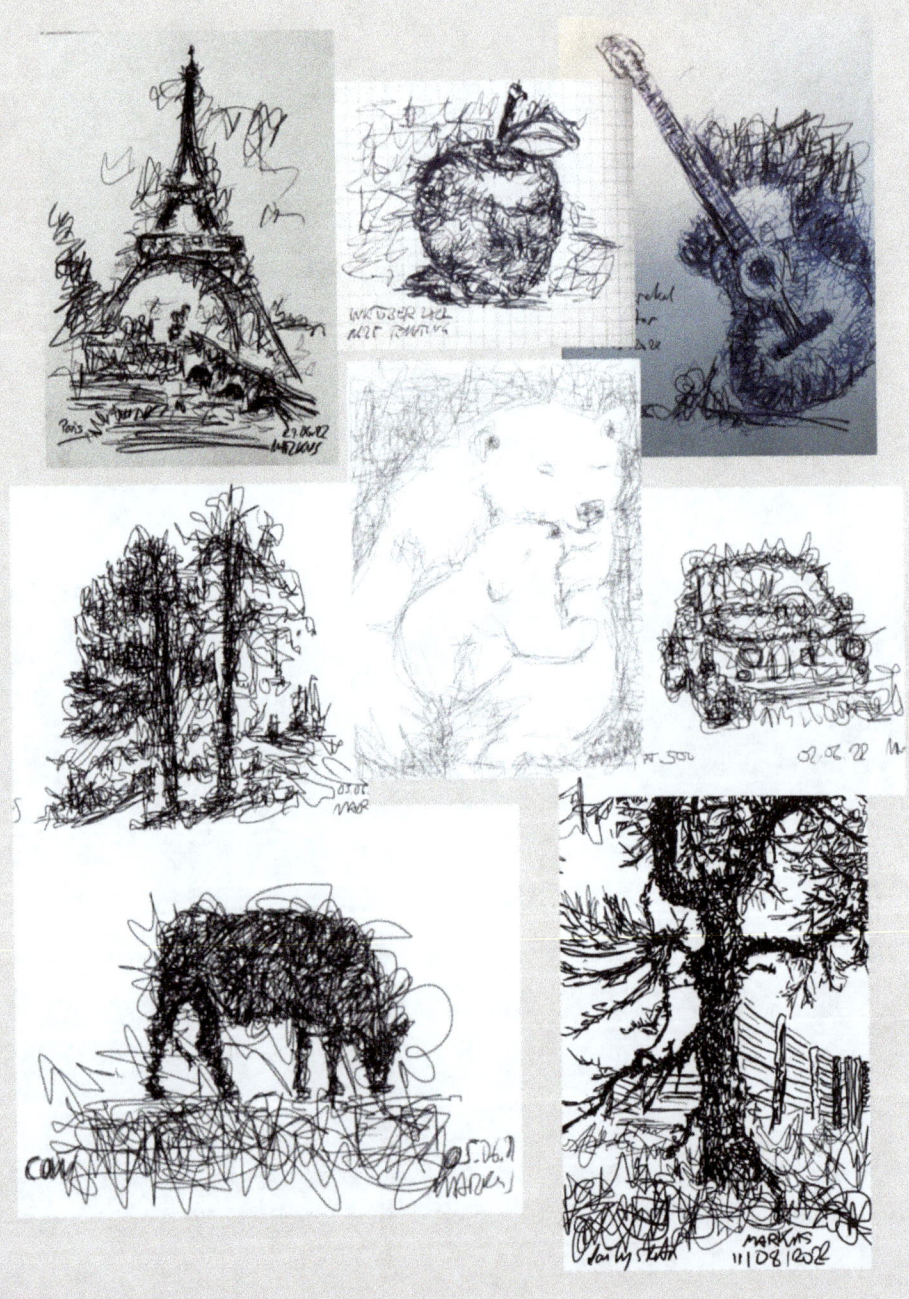

ART
Markus Ganz

Kritzelkratzel
libro de garabatos

Mira mi cuaderno de bocetos

Markus Ganz

En septiembre de 1960 nací
nací en Rüsselheim, Alemania. Pinto y
garabateo desde niño.
En 1976 hice mi primer gran garabato con tinta
y bolígrafo. Llegó a exponerse en el instituto. A
todo el mundo le encantó la seta... vaya, a mí no,
porque se suponía que era un árbol.
Como a mucha gente, me gusta garabatear a
menudo y con pasión. Cuanto más rápido, más
suelto, más divertido.
Muchos de mis dibujos ya han acabado en la
basura... ojalá estuvieran encuadernados en un
libro...
Pero algunos también han ido a exposiciones.

El arte del garabato es muy divertido,
me gustaría hacértelo posible.
Para eso está este cuaderno.

sobre mí...

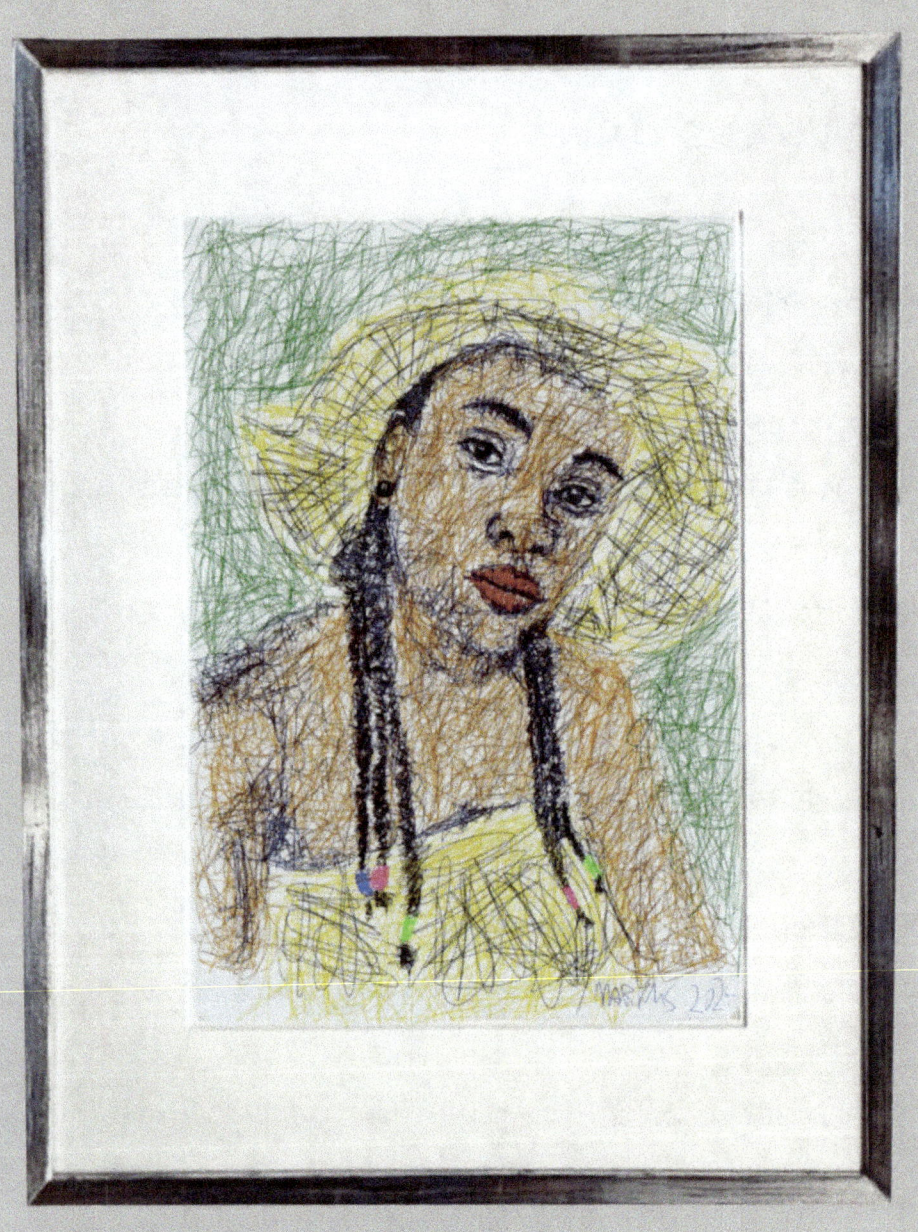

ART Markus Ganz — Krichelkrakel libro de garabatos — Retrato de garabato 86

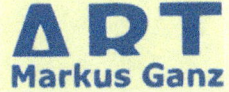

notas

www.ingramcontent.com/pod-product-compliance
Lightning Source LLC
Chambersburg PA
CBHW070350230526
45471CB00006B/2507